나혼자 끝내는
독학 중국어
첫걸음

나혼자 끝내는 독학 중국어 첫걸음

지은이 넥서스콘텐츠개발팀
펴낸이 임상진
펴낸곳 (주)넥서스

초판 1쇄 발행 2016년 6월 27일
초판 20쇄 발행 2021년 2월 10일

2판 1쇄 발행 2023년 4월 15일
2판 3쇄 발행 2024년 7월 10일

출판신고 1992년 4월 3일 제311-2002-2호
주소 10880 경기도 파주시 지목로 5
전화 (02)330-5500 팩스 (02)330-5555

ISBN 979-11-6683-516-2 13720

www.nexusbook.com

나혼자 끝내는
독학 중국어
첫걸음

넥서스콘텐츠개발팀 지음

넥서스 CHINESE

1 중국어 학습의 의욕을 팍팍 고취시켜 줄 유명 중국어 강사 김로운 선생님의 무료 동영상 강의는 넥서스 홈페이지(www.
nexusbook.com)의 학습실과 유튜브를 통해서 보실 수 있습니다. 교재에 있는 QR코드를 이용하면 바로 접속해서 보실 수
있습니다.

2 브로마이드에 한어병음 성모와 운모 결합표를 수록하여 발음을 한 눈에 익힐 수 있도록 하였고, 중국어 핵심표현 BEST
40도 수록하여 단 한마디 말로도 의사 표현이 가능할 수 있도록 하였습니다.

3 본문을 들어가기 전에 중국어 학습의 기본이 되는 발음, 성조, 문형, 간체자 등을 먼저 훑어본 후 학습을 시작하면 훨씬
용이합니다. 또한 각 과마다 학습 목표를 설정하여, 그 과에서 꼭 짚고 넘어가야 할 핵심 학습 포인트를 제시하였습니다.

4 한자가 어렵게 느껴질 학습자를 위해 처음에는 소리 위주로 공부할 수 있도록 병음을 좀 더 강조하여 편집을 하였습니
다. 그래서 5과까지는 기본 표현을 병음으로 먼저 익힐 수 있도록 하였고, 왕초보 학습자를 위해 한글 독음도 달았습니
다. 이 독음은 외래어 표기법에 따르지 않고 직접 발음되는 소리에 최대한 가깝도록 표기하였습니다.

5 같은 병음이라도 성조에 따라 발음이 조금씩 달라질 수 있습니다. 음원을 들으면서 정확한 발음을 확인하세요. 한국인이
어려워하는 발음인 권설음에 더 주의하세요.

6 한어병음의 표기에서 '一 yī'와 '不 bù'는 실제 성조 변화를 반영하여 표기하였습니다.

나혼자 끝내는 독학 중국어 첫걸음

취미로 또는 여행을 위해, 비즈니스 때문에…
등등의 이유로 독학을 결심하고, 이제 중국어를
시작하는 여러분께 이 책을 바칩니다!
중국어 정복의 길이 쉽고 빨라집니다.

외국어를 공부하고자 하는 학습자가 가장 많이 하는 말이 "어디 괜찮은 책 좀 없나?" "좀더 빨리 외국어를 습득하는 방법이 뭐지?" 하는 것입니다.

매 학기가 시작될 때마다, 방학이 될 때마다, 혹은 계절이 바뀔 때마다, 수도 없이 많은 분들이 의지를 다지며 두 주먹을 불끈 쥐고 외칩니다. "그래 내일부터 다시 새로운 각오로 시작하는 거야!" 그리고 또 새로운 교재를 사기 위해 서점으로 향하지요.

그·러·나 막상 서점에 들러 보면 책의 홍수에 밀려 몸도 마음도 천근만근이 되고, 아무리 둘러보아도 도무지 어떤 책이 적합한지 알 수 없으니 "저기, 어떤 책이 가장 잘 나가요?" 하고 매장 직원에게 묻는 것이 우리의 모습입니다. 하루가 멀다 하고 쏟아져 나오는 교재들, 풍요 속의 빈곤이라고, 화려함과 다양함으로 초보자들을 유혹하는 수많은 책들 사이에서 당황하신 기억을 가지고 있다면, 이제 이 책으로 중국어를 시작해 보세요.

〈나혼자 끝내는 독학 중국어 첫걸음〉은 오랫동안 중국어 교재를 만들어온 노하우를 바탕으로, 한국인으로 처음 중국어를 시작하는 여러분에게 꼭 맞는 구성으로 집필되었습니다. 그래서 초급 과정에서 꼭 필요한 표현과 어법, 단어들을 체계적으로 배울 수 있게 구성을 했을 뿐만 아니라 독학이 가능하도록 본문 전 과정을 동영상 강의로 제공하고, 다양한 부가 자료를 제공하고 있습니다. 그러므로 이제 이 책을 선택한 이상 여러분은 더 이상 첫걸음만을 반복하는 일은 없을 것입니다.

중국어를 시작하는 여러분!

어떤 공부든 공부가 재미있기는 어렵겠지만 그러나 제2외국어로 선택한 중국어는 뭐니뭐니해도 재미가 있어야 합니다. 사실 이 책이 아니어도 중국어 책은 많습니다. 그러나 그 어떤 책보다도 이 책이 여러분의 중국어 실력을 향상시킴은 물론이고, 중국을 이해하고 사랑하도록, 그리고 중국어를 계속 공부할 수 있도록 도와줄 수 있으리라 자신합니다.

이제 중국어를 공부해야겠다는 의지가 불끈불끈 솟지 않나요? 며칠만 해보면 간단한 회화는 누구의 도움도 받지 않고 자력으로 해결할 수 있다는 느낌이 드실 겁니다. 학원에 가지 않아도, 아주 작은 의지만 있다면 동영상과 음원 및 부가 자료들을 활용해 중국어를 충분히 마스터할 수 있습니다. 이를 위해 수록된 첫걸음 15일 학습 플래너를 잘 활용해 보세요.

처음 중국어를 시작하는 여러분의 건승을 빕니다!

이책의구성과활용법

1 학습 목표 및 포인트

본 과에서 배울 기본 문형과 문법, 테마별 단어, 문화 등을 미리 살펴봅니다. QR코드로 동영상 강의를 보면 더 쉽게 이해할 수 있습니다.

2 기본 표현 & 테마 단어

가장 기본적인 표현을 간단한 상황 회화를 통해서 배우고, 핵심 어법과 문형을 익힙니다.

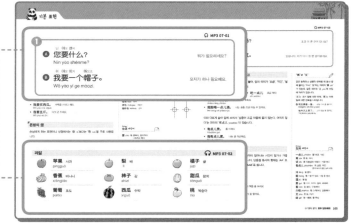

3 중국어 TIP & 새 단어

본문의 표현 연구나 어법 외에 중국어 활용에 도움이 되는 사항들을 팁으로 제공합니다. 새로 나오는 단어들도 함께 익힙니다.

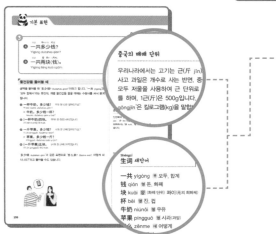

4 응용 회화

더 길고 생생한 상황 회화를 통해 앞서 배운 내용을 복습하고 실제 상황에서 어떻게 응용되는지 훈련해 봅니다.

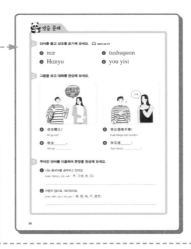

5 연습 문제

본 과에서 배운 회화, 어법, 단어들을 다양한 형태의 문제로 복습하고 테스트해 보세요!

6 테마 그림 단어장

초급 단계에서 익혀야 할 테마별 단어들을 외우기 쉽도록 그림으로 정리하였습니다. 홈페이지에서 PDF로도 제공되니, 단어 카드로도 활용할 수 있습니다.

7 기초 문법

기본 문형과 회화에서 나온 어법 중 중요한 것을 한눈에 볼 수 있게 정리했습니다. 동영상 강의를 참고하면서 익혀 보세요.

8 중국문화 이모저모

중국어를 배우며, 중국 문화의 다양한 면을 함께 살펴볼 수 있도록 이슈가 되는 문화를 실었습니다.

〈나혼자끝내는 독학 중국어 첫걸음〉은?

〈나혼자 끝내는 독학 중국어 첫걸음〉은 혼자서 중국어를 공부하는 분들을 위해 개발된 독학자 맞춤형 교재입니다. 학원에 다니지 않아도, 단어장이나 다른 참고서를 사지 않아도 이 책 한 권만으로 충분히 중국어 기초 과정을 마스터할 수 있도록 구성되어 있습니다. 본책과 함께 부록으로 쓰기 노트와 워크북이 포함된 별책과 미니북, 브로마이드가 들어 있습니다. 혼자 공부하는 학습자들을 위해 총 12가지 독학용 학습 자료를 무료로 제공합니다.

별책
기초 간체자 쓰기 노트
HSK 1급 150자
중국어 기본 간체자 150단어를 필순에 따라 직접 써 보며 익힐 수 있습니다. 최신 경향의 HSK 1급 어휘 150자를 모두 실었습니다. [필순 제공]

별책
워크북
본문에서 배운 기본 표현을 MP3로 다시 한 번 듣고 직접 써 봄으로써 복습을 할 수 있습니다. [MP3 음원 제공]

미니북
기초 단어장
A~Z
과별 주요 단어를 모두 모아서 A~Z 병음순으로 실었습니다. 단어 암기는 외국어 학습의 기본입니다. 들고 다니면서 틈틈이 단어를 암기하세요. [MP3 음원 제공]

미니북
문형(응용 · 확장) 익힘북
과별로 나온 주요 표현 패턴에 단어를 바꿔 응용할 수 있는 문형 연습과, 단어에서 문장으로 확장 과정을 통해 자연스럽게 문장을 만들 수 있도록 각 과별로 4개씩의 문형을 실었습니다. [MP3 음원 제공]

브로마이드
한어병음 성모 · 운모 결합표
성모와 운모의 결합표를 통해 한어병음의 표기와 발음을 익힐 수 있도록 브로마이드를 수록하였습니다.

브로마이드
핵심표현 BEST 40
한마디로도 충분히 의사소통을 할 수 있는 핵심 표현 40개를 선별하여 말문이 트일 수 있도록 별도로 뽑아 실었습니다. [MP3 음원 제공]

PDF 제공
기초 테마 단어 그림 카드
가장 기본적인 중국어 단어를 그림과 함께 테마별로 모아 익힐 수 있도록 본문에 수록하였고, 홈페이지에서 PDF 파일로도 제공합니다. [MP3 음원 제공]

기본 표현 및 응용 회화 MP3
과별 기본 표현과 새로 나온 단어, 또 응용 회화를 무한 연습할 수 있도록 원어민의 음원을 제공합니다. QR코드를 통해 바로바로 들을 수 있고, MP3 파일을 다운 받아 수시로 훈련할 수 있습니다. [MP3 음원 제공]

동영상 강의
본문의 모든 과를 강의 경력 10여 년의 베테랑 강사 김로운 선생님의 명쾌하고 친절한 강의로 들어 보세요. 귀에 쏙쏙 들어올 거예요. [동영상 강의 제공]

발음 특훈 동영상
중국어 학습에 앞서 중국어의 성조, 성모, 운모 등 발음과 주의사항, 간체자 변형의 규칙 등 기초 동영상 강의를 제공합니다. [동영상 강의 제공]

복습용 동영상
각 과별로 익힘 핵심 문장 8개를 반복하여 익힐 수 있도록 복습용 학습 동영상으로 제공하여 한 번 익힌 표현은 잊지 않도록 도와줍니다. [플래시 깜박이 제공]

단어 암기 동영상
본문에 나오는 단어를 자동 암기할 수 있도록 도와줍니다. [플래시 깜박이 제공]

온라인 무료 제공

MP3 & 무료 동영상 보는 법

방법 1

스마트폰에 QR코드 리더를 설치하여
책 속의 QR코드를 인식한다.

» 동영상 & MP3

방법 2

nexusbook.com에서 도서명으로 검색한 다음
MP3 / 부가자료 영역에서 다운받기 를 클릭한다.

» MP3

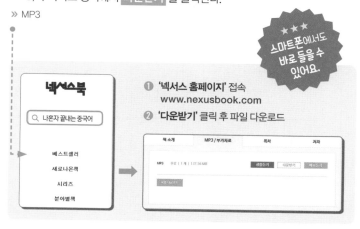

★★★
스마트폰에서도
바로 들을 수
있어요.

❶ '넥서스 홈페이지' 접속
www.nexusbook.com
❷ '다운받기' 클릭 후 파일 다운로드

방법 3

유튜브에서 〈나혼자 끝내는 중국어 첫걸음〉을
검색한다.

» 동영상

첫걸음 15일 학습 플래너

일별	해당 과	학습 목표	기본 표현	응용 회화	연습 문제
1일차	일러두기	책의 구성 및 학습 방법 파악하기	• 이 책은 어떻게 구성되어 있으며, 부가 자료는 어떤 것들이 있고, 어떻게 이용하는가? • PC, 모바일이 동영상을 볼 수 있는 환경으로 적합하게 세팅되어 있는가?		
2일차	중국어의 모든 것 (발음 및 기본 문형 등)	중국어 학습 워밍업	• 기본 발음 및 성조, 기본 문형 익히기 ▶		
3일차	Step 01	인사하기	📖 🎧 ▶	📖 🎧 ▶	📖 🎧 ▶
4일차	Step 02	이름 묻기	📖 🎧 ▶	📖 🎧 ▶	📖 🎧 ▶
5일차	Step 03	관계, 국적, 직업 묻기	📖 🎧 ▶	📖 🎧 ▶	📖 🎧 ▶
6일차	Step 04	가족 묻기	📖 🎧 ▶	📖 🎧 ▶	📖 🎧 ▶
7일차	Step 05	시간, 날짜, 요일 묻기	📖 🎧 ▶	📖 🎧 ▶	📖 🎧 ▶
8일차	Step 06	동작 묻기	📖 🎧 ▶	📖 🎧 ▶	📖 🎧 ▶
9일차	Step 07	가격 묻기	📖 🎧 ▶	📖 🎧 ▶	📖 🎧 ▶
10일차	Step 08	전화 통화하기	📖 🎧 ▶	📖 🎧 ▶	📖 🎧 ▶
11일차	Step 09	주문, 식사하기	📖 🎧 ▶	📖 🎧 ▶	📖 🎧 ▶
12일차	Step 10	길 묻기	📖 🎧 ▶	📖 🎧 ▶	📖 🎧 ▶
13일차	Step 11	교통편 묻기	📖 🎧 ▶	📖 🎧 ▶	📖 🎧 ▶
14일차	Step 12	취미 묻기	📖 🎧 ▶	📖 🎧 ▶	📖 🎧 ▶
15일차	Step 13	날씨 묻기	📖 🎧 ▶	📖 🎧 ▶	📖 🎧 ▶

테마별 단어	기초 문법	문화 이모저모	기초 간체자 쓰기	전체 반복 학습
• MP3를 어디에서 다운받을 것인가? • 학습 플래너를 어떻게 활용할 것인가?			✍	
			✍	1회 2회 3회
📖 🎧 ▶	📖 🎧 ▶	📖 🎧 ▶	✍	1회 2회 3회
📖 🎧 ▶	📖 🎧 ▶	📖 🎧 ▶	✍	1회 2회 3회
📖 🎧 ▶	📖 🎧 ▶	📖 🎧 ▶	✍	1회 2회 3회
📖 🎧 ▶	📖 🎧 ▶	📖 🎧 ▶	✍	1회 2회 3회
📖 🎧 ▶	📖 🎧 ▶	📖 🎧 ▶	✍	1회 2회 3회
📖 🎧 ▶	📖 🎧 ▶	📖 🎧 ▶	✍	1회 2회 3회
📖 🎧 ▶	📖 🎧 ▶	📖 🎧 ▶	✍	1회 2회 3회
📖 🎧 ▶	📖 🎧 ▶	📖 🎧 ▶	✍	1회 2회 3회
📖 🎧 ▶	📖 🎧 ▶	📖 🎧 ▶	✍	1회 2회 3회
📖 🎧 ▶	📖 🎧 ▶	📖 🎧 ▶	✍	1회 2회 3회
📖 🎧 ▶	📖 🎧 ▶	📖 🎧 ▶	✍	1회 2회 3회
📖 🎧 ▶	📖 🎧 ▶	📖 🎧 ▶	✍	1회 2회 3회
📖 🎧 ▶	📖 🎧 ▶	📖 🎧 ▶	✍	1회 2회 3회
📖 🎧 ▶	📖 🎧 ▶	📖 🎧 ▶	✍	1회 2회 3회

 차례

나혼자 끝내는
중한 중국어첫걸음

중국어의
모든 것

—— 본격 학습 전에 꼭 필요한 강의 ——

**발음 특훈
동영상 강의**

**간체자와 기본 문형
동영상 강의**

중국어란?

 ▶ 동영상강의

◉ 중국어를 왜 한어라고 부를까?

중국어는 중국 민족, 즉 한족(汉族)이 쓰는 말이라 해서 '한어(汉语)'라고 합니다. '보통화(普通话)'란 중국어의 표준어를 말합니다. 우리말에도 표준어와 사투리가 있듯이 중국어에도 표준어와 사투리가 있는데, 표준어를 '보통화(普通话)'라 하고 사투리는 '방언(方言)'이라 합니다.

◉ 중국어의 발음 기호, 한어병음

한자(汉字)는 뜻글자이기 때문에 한자 자체만 봐서는 어떻게 읽는지 알 수 없습니다. 그래서 알파벳을 이용해서 발음을 표기하는데 이것을 '한어병음(汉语拼音)'이라 합니다. 한어병음은 '성모+운모+성조'로 이루어집니다. 성모(声母)는 음절의 첫소리 자음에 해당하며, 운모(韵母)는 음절에서 성모를 제외한 모음에 해당하고, 성조(声调)는 음절의 높낮이를 가리킵니다. 이 세 부분이 합쳐져서 하나의 음절을 이루며, 한자 한 글자의 소리를 나타내게 됩니다.

중국어의 발음 성조

 ▶ 동영상강의

중국어는 하나하나의 음절에 높낮이가 있는데, 이것을 '성조(声调)'라 합니다.
중국어의 성조에는 제1성, 제2성, 제3성, 제4성, 경성이 있습니다.
아래의 그림과 설명을 보면서 높낮이를 익혀 보세요.

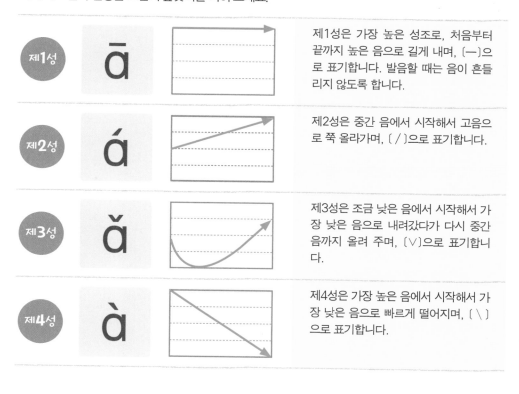

제1성 ā
제1성은 가장 높은 성조로, 처음부터 끝까지 높은 음으로 길게 내며, 〔─〕으로 표기합니다. 발음할 때는 음이 흔들리지 않도록 합니다.

제2성 á
제2성은 중간 음에서 시작해서 고음으로 쭉 올라가며, 〔ᐟ〕으로 표기합니다.

제3성 ǎ
제3성은 조금 낮은 음에서 시작해서 가장 낮은 음으로 내려갔다가 다시 중간 음까지 올려 주며, 〔ᐯ〕으로 표기합니다.

제4성 à
제4성은 가장 높은 음에서 시작해서 가장 낮은 음으로 빠르게 떨어지며, 〔ᐠ〕으로 표기합니다.

경성
경성은 원래의 성조를 무시하고 짧고 가볍게 읽어 주는 성조를 말합니다. 경성은 단독으로는 쓰이지 않고 반드시 다른 음절 뒤에 따라 나오는데, 이때 앞 음절의 성조에 따라 경성의 높낮이가 조금씩 변합니다. 경성은 성조 표시를 하지 않습니다.

1성 뒤
māma
〔마마〕
엄마

2성 뒤
yéye
〔예예〕
할아버지

3성 뒤
nǎinai
〔나이나이〕
할머니

4성 뒤
bàba
〔빠바〕
아빠

중국어의 발음 성모

 동영상강의

성모(声母)는 음절의 첫소리 자음에 해당하며 모두 21가지가 있습니다.

■ 〔b〕, 〔p〕, 〔m〕 음은 입술을 붙였다 떼면서 발음합니다.
　〔f〕는 영어의 〔f〕처럼 윗니를 아랫입술에 갖다 붙였다 떼면서 발음합니다.

b	p	m	f
〔bo 뽀〕	〔po 포〕	〔mo 모〕	〔fo 포〕

bǐ
〔비〕 펜

pǎo
〔파오〕 달리다

mā
〔마〕 엄마

fēi
〔페이〕 날다

■ 〔d〕, 〔t〕, 〔n〕, 〔l〕 음은 혀를 윗니의 바로 뒤쪽에 댔다가 떼면서 발음합니다.

d	t	n	l
〔de 떠〕	〔te 터〕	〔ne 너〕	〔le 러〕

diàn
〔띠엔〕 전기

táng
〔탕〕 설탕

niú
〔니우〕 소

liǎn
〔리엔〕 얼굴

■ 〔g〕, 〔k〕, 〔h〕 음은 가래를 뱉을 때처럼 목구멍 안쪽에서 소리를 끌어올려 발음합니다.

g	k	h
〔ge 꺼〕	〔ke 커〕	〔he 허〕

gǒu
〔꺼우〕 개

kàn
〔칸〕 보다

hǎi
〔하이〕 바다

■ 〔j〕, 〔q〕, 〔x〕 음은 입을 옆으로 벌려 발음합니다.

j
〔ji 찌〕

jiā
〔찌아〕 집

q
〔qi 치〕

qiáng
〔치앙〕 담장

x
〔xi 씨〕

xiào
〔씨아오〕 웃다

■ 〔zh〕, 〔ch〕, 〔sh〕, 〔r〕 음은 혀끝을 말아 입천장에 닿을 듯 말 듯하게 하고
그 사이로 공기를 내보내면서 발음합니다.

zh
〔zhi 즈〕

zhū
〔주〕 돼지

ch
〔chi 츠〕

chē
〔처〕 자동차

sh
〔shi 스〕

shān
〔샨〕 산

r
〔ri 르〕

rén
〔런〕 사람

■ 〔z〕, 〔c〕, 〔s〕 음은 혀끝을 아랫니 뒤쪽에 놓고 발음합니다.
혀는 '쯧쯧쯧' 하고 혀를 찰 때의 위치에 놓입니다.

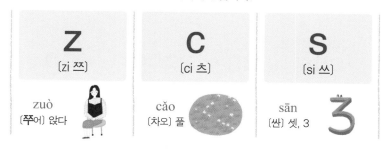

z
〔zi 쯔〕

zuò
〔쭈어〕 앉다

c
〔ci 츠〕

cǎo
〔차오〕 풀

s
〔si 쓰〕

sān
〔싼〕 셋, 3

중국어의 발음 운모

 동영상강의

운모(韻母)는 음절에서 성모를 제외한 모음에 해당하며 모두 36개가 있습니다.
6개의 단운모, 4개의 복운모, 5개의 비음 운모, 1개의 권설 운모, 20개의 결합 운모입니다.

◉ 기본 운모

■ 단운모는 하나의 운모로 된 것을 말합니다.

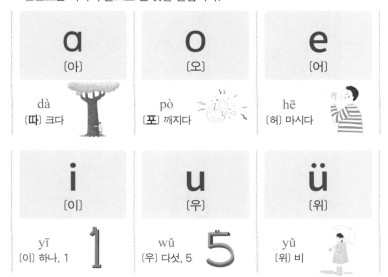

a	o	e
〔아〕	〔오〕	〔어〕
dà	pò	hē
〔따〕 크다	〔포〕 깨지다	〔허〕 마시다

i	u	ü
〔이〕	〔우〕	〔위〕
yī	wǔ	yǔ
〔이〕 하나, 1	〔우〕 다섯, 5	〔위〕 비

* 〔i〕, 〔u〕, 〔ü〕가 성모 없이 단독으로 사용될 때는
〔yi〕, 〔wu〕, 〔yu〕로 표기합니다.

■ 복운모는 단운모 2개가 결합된 운모입니다. 앞의 음을 중점적으로 발음합니다.

ai	ei	ao	ou
〔아이〕	〔에이〕	〔아오〕	〔오우〕

■ 비운모는 운모에 비음인 성모 〔n〕, 〔ng〕가 붙은 것입니다.

an	en	ang	eng	ong
〔안〕	〔언〕	〔앙〕	〔엉〕	〔옹〕

■ 권설운모는 혀를 말아 발음하는 운모로, 단독으로 음절을 이룹니다.

er
〔얼〕

● 결합 운모

■ 운모 중 〔i〕, 〔u〕, 〔ü〕 뒤에 다른 운모가 결합해 결합 운모가 됩니다.

〔i〕 뒤에 다른 운모가 결합한 운모

ia 〔이아〕	ie 〔이에〕	iao 〔이아오〕	iou(iu) 〔이오우〕	ian 〔이엔〕
in 〔인〕	iang 〔이앙〕	ing 〔잉〕	iong 〔이옹〕	

* 성모 없이 〔i〕로 시작할 때는 〔i〕를 〔y〕로 바꾸어 표기합니다.
* 〔iou〕 앞에 성모가 있을 때는 〔iu〕로 표기합니다.
* 〔i〕가 〔z〕, 〔c〕, 〔s〕, 〔zh〕, 〔ch〕, 〔sh〕, 〔r〕와 결합하는 경우, '이'가 아닌 '으'로 발음합니다.

〔u〕 뒤에 다른 운모가 결합한 운모

ua 〔우아〕	uo 〔우어〕	uai 〔우아이〕	uei(ui) 〔우에이〕
uan 〔우안〕	uen(un) 〔우언〕	uang 〔우앙〕	ueng 〔우엉〕

* 성모 없이 〔u〕로 시작할 때는 〔u〕를 〔w〕로 바꾸어 표기합니다.
* 〔uei〕, 〔uen〕 앞에 성모가 있을 때는 〔e〕를 생략합니다.

〔ü〕 뒤에 다른 운모가 결합한 운모

üe 〔위에〕	üan 〔위엔〕	ün 〔윈〕

* 성모 없이 〔ü〕로 시작할 때는 〔ü〕를 〔yu〕로 바꾸어 표기합니다.
* 〔j〕, 〔q〕, 〔x〕 뒤에서는 〔ü〕의 점을 떼고 〔u〕로 표기합니다.

중국어의 각 음절은 고유한 성조를 가지고 있는데, 어떤 경우에는 음절과 음절이 만나면서 앞 음절의 성조가 변화를 일으킵니다. 대표적으로 제3성의 변화와 '不 bù', '一 yī'의 성조 변화가 있습니다.

◉ 제3성의 변화

제3성과 제3성이 연이어 나오면 앞의 제3성은 제2성으로 발음합니다.

제3성 + 제3성
nǐ 〔니〕 + hǎo 〔하오〕 ➡️ 제2성 + 제3성
ní hǎo 〔니 하오〕 안녕하세요

제3성 뒤에 제1성, 제2성, 제4성, 경성이 오면 반3성으로 발음합니다.
반3성이란 제3성의 앞부분, 즉 내려가는 부분만 발음하는 것을 말합니다.

제3성 + 제1성 · 제2성 · 제4성 · 경성
wǎn 〔완〕 + ān 〔안〕 ➡️ 반3성 + 제1성 · 제2성 · 제4성 · 경성
wǎn ān 〔완 안〕 안녕히 주무세요

◉ '不'의 변화

'아니다'라는 뜻의 不 bù' 뒤에 제1성, 제2성, 제3성이 오면 원래대로 제4성으로 발음합니다.

不 제4성 + 제1성 · 제2성 · 제3성
bù 〔뿌〕 + máng 〔망〕 ➡️ 不 제4성 + 제1성 · 제2성 · 제3성
bù máng 〔뿌 망〕 안 바빠요

不 bù' 뒤에 제4성이 오면 제2성으로 바꾸어 발음합니다.

不 제4성 + 제4성
bù 〔뿌〕 + qù 〔취〕 ➡️ 不 제2성 + 제4성
bú qù 〔부 취〕 안 갑니다

◎ '一'의 변화

'하나, 1'의 뜻인 '一 yī'는 원래 제1성인데 제1성, 제2성, 제3성 앞에 쓰이면 제4성으로 발음합니다.

一 제1성 + 제1성 · 제2성 · 제3성
yī 〔이〕 + qǐ 〔치〕 ➡ 一 제4성 + 제1성 · 제2성 · 제3성
yìqǐ 〔이치〕 함께

제4성이나 제4성이 변한 경성 앞에서는 제2성으로 발음합니다.

一 제1성 + 제4성 · 제4성이 변한 경성
yī 〔이〕 + gòng 〔꽁〕 ➡ 一 제2성 + 제4성 · 제4성이 변한 경성
yígòng 〔이꽁〕 모두 합쳐서

한어병음을 표기할 때 주의사항

 동영상강의

● 성조 표시는 어떻게 할까요?

모음이 1개일 경우 모음 〔a〕, 〔o〕, 〔e〕, 〔i〕, 〔u〕, 〔ü〕 위에 성조를 표기합니다.

dà 〔따〕 크다	wǒ 〔워〕 나	chē 〔처〕 차
qī 〔치〕 7	dú 〔두〕 읽다	nǚ 〔뉘〕 여자

모음이 2개일 경우 앞쪽 모음 위에 표기합니다.
단, 앞쪽 모음이 〔i〕, 〔u〕, 〔ü〕일 경우에는 뒤쪽 모음 위에 표기합니다.

kāi 〔카이〕 열다	tóu 〔토우〕 머리	jiě 〔지에〕 언니

모음이 3개일 경우 중간 모음 위에 표기합니다.

jiāo 〔찌아오〕 가르치다	xiǎo 〔샤오〕 작다	kuài 〔콰이〕 빠르다

● 격음부호(隔音符号)

〔a〕, 〔o〕, 〔e〕로 시작되는 음절이 다른 음절의 뒤에 이어져, 음절 사이에 혼동이 생길 가능성이 있을 때는, 이를 방지하기 위해 앞 음절과 뒤 음절 사이에 격음부호〔 ' 〕를 찍어 줍니다.

kě'ài 〔커아이〕 귀엽다	pèi'ǒu 〔페이오우〕 배우자	nǚ'ér 〔뉘얼〕 딸

● 얼화(儿化)

모음 '儿'이 독립적인 음절로 쓰일 때는 〔er 얼〕로 발음되지만, 다른 글자 뒤에 접미사로 쓰일 때는 앞 음절의 운모를 권설운모가 되게 하는데, 이러한 작용을 가리켜 '儿化'라고 하고 이렇게 '儿化'된 운모를 '儿化韵'이라 합니다. '儿化'는 베이징 일대에서 특히 두드러집니다. 주로 명사에 많이 사용되며 단어의 맨 뒤에 〔r〕이 붙어 받침 'ㄹ' 소리가 납니다.

shì 〔스〕	➡	shìr 〔셜〕 일
zhè 〔쩌〕	➡	zhèr 〔쩔〕 여기
xiǎohái 〔샤오하이〕	➡	xiǎoháir 〔샤오하얼〕 어린이
yìdiǎn 〔이디엔〕	➡	yìdiǎnr 〔이디얼〕 조금

예에서 보듯이 '儿화'에는 '∼r'을 덧붙인 후 원래 발음이 변하지 않는 경우와 발음이 변하는 경우가 있습니다.

원래 발음이 변하지 않는 경우

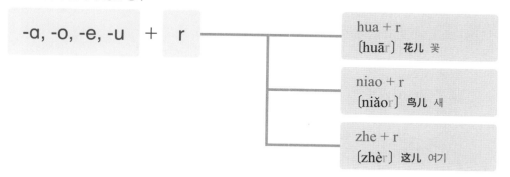

발음이 변하는 경우

-ai, -ei	+	r	➡	[i] 발음이 없어짐	xiaohai + r [xiǎohár] 小孩儿 아이
-an, -en	+	r	➡	[n] 발음이 없어짐	wan + r [wár] 玩儿 놀다
-ng	+	r	➡	[ng] 바로 앞 운모가 비음화함	dianying + r [diànyǐngr] 电影儿 영화
-i, -ü	+	r	➡	[er] 소리로 발음함	xiaoji + r [xiǎojīer] 小鸡儿 병아리
-in	+	r	➡	[n] 발음이 없어지고 [er] 소리로 발음함	xin + r [xier] 信儿 편지
zhi, chi, shi, ri, zi, ci, si	+	r	➡	[-i] 발음이 없어지고 [er] 소리로 발음함	shi + r [sher] 事儿 일

중국의 글자 간체자

동영상강의

간체자(简体字)는 쉽게 말하면 지금 현재 중국에서 쓰고 있는 한자(汉字)를 말합니다. 간체자는 우리가 쓰고 있는 한자, 즉 번체자(繁体字)를 간단하게 줄여 놓은 한자라고 생각하면 됩니다. 중국에서 이러한 간체자를 쓰기 시작한 것은 1949년 중국이 사회주의 국가가 된 이후입니다. 물론 타이완이나 홍콩에서는 아직도 번체자를 쓰고 있지만 중국어의 정식 한자는 간체자입니다. 그럼 여기서 잠깐 번체자가 어떻게 간체자로 변신하는지 살펴볼까요?

韓國(한국) = 韩国   簡體(간체) = 简体
漢字(한자) = 汉字   將軍(장군) = 将军
車票(차표) = 车票   藝術(예술) = 艺术

● 부수로 쓰이는 글자의 변화

다음과 같은 한자는 변화되어 단독으로 쓰이기도 하고, 부수나 편방으로도 쓰이는데 늘 동일한 형태로 변합니다. 왼쪽은 우리가 쓰고 있는 번체자, 오른쪽은 중국어 간체자입니다.

岡 (굳셀 강)	冈	門 (문 문)	门	人 (사람 인)	亻
車 (수레 거)	车	鳳 (봉황 봉)	凤	戔 (적을 전)	戋
見 (볼 견)	见	糸 (실 사)	纟	長 (어른 장)	长
犬 (개 견)	犭	手 (손 수)	扌	片 (조각 장)	丬
廣 (넓을 광)	广	水 (물 수)	氵	專 (전할 전)	专
金 (쇠 금)	钅	食 (먹을 식)	饣	齊 (나란할 제)	齐
幾 (어찌 기)	几	心 (마음 심)	忄	鳥 (새 조)	鸟
區 (구역 구)	区	雙 (쌍 쌍)	双	艸 (풀 초)	艹
龜 (거북 구)	龟	魚 (물고기 어)	鱼	蟲 (벌레 충)	虫
刀 (칼 도)	刂	言 (말씀 언)	讠	齒 (이 치)	齿
東 (동녘 동)	东	龍 (용 용)	龙	貝 (조개 패)	贝
兩 (두 량)	两	雲 (구름 운)	云	風 (바람 풍)	风
鹵 (염전 로)	卤	韋 (가죽 위)	韦	火 (불 화)	灬
婁 (건물 루)	娄	衛 (보위할 위)	卫	頁 (머리 혈)	页
馬 (말 마)	马	衣 (옷 의)	衤		
麥 (보리 맥)	麦	醫 (의사 의)	医		

◉ 간체자 필순의 기본 규칙

1 가로획 먼저 쓰고 세로획을 씁니다.

下 下 下

2 삐침을 쓰고 파임을 씁니다.

木 木 木 木

3 위에서 아래로 씁니다.

思 思 思 思 思 思 思 思

4 왼쪽에서 오른쪽으로 씁니다.

到 到 到 到 到 到 到 到

5 주변 획을 먼저 쓰고 중앙 획을 씁니다.

周 周 周 周 周 周 周 周

6 중앙 획을 먼저 쓰고 주변 획을 씁니다.

这 这 这 这 这 这 这

7 가운데를 먼저 쓰고 주변을 나중에 닫습니다.

回 回 回 回 回 回

8 서로 대칭인 경우, 가운데를 쓰고 좌우를 씁니다.

水 水 水 水

9 좌우를 쓰고 가운데를 씁니다.

火 火 火 火

중국어의 기본 문형

▶ 동영상강의

중국어의 기본 어순은 '주어 + 술어 + 목적어'입니다. 술어와 목적어의 순서는 영어와 비슷한 구조를 갖습니다. 그러나 영어와는 달리 인칭, 단수, 복수, 시제에 따른 술어의 변화가 없습니다. 아래 기본 문형을 보고 중국어 학습을 시작하면 훨씬 빨리 중국어에 익숙해질 수 있습니다.

문형 하나 동사가 술어일 때

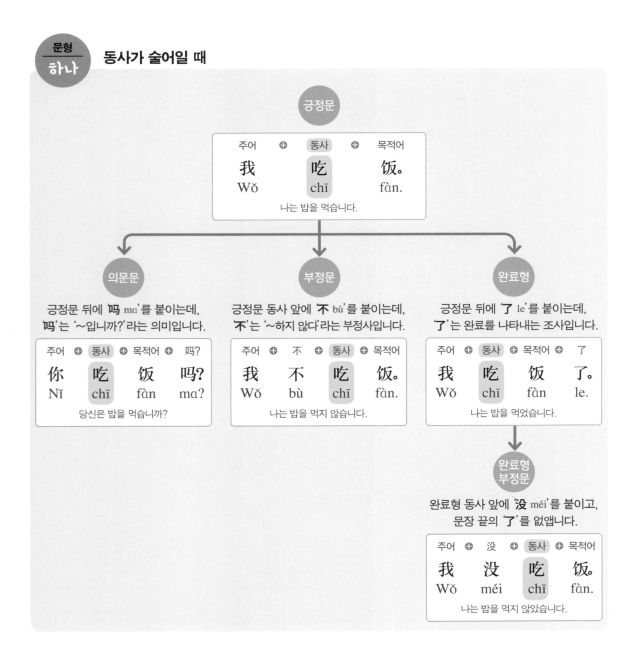

긍정문

주어 ⊕	동사 ⊕	목적어
我	吃	饭。
Wǒ	chī	fàn.

나는 밥을 먹습니다.

의문문

긍정문 뒤에 '吗 ma'를 붙이는데, '吗'는 '~입니까?'라는 의미입니다.

주어 ⊕	동사 ⊕	목적어 ⊕	吗?
你	吃	饭	吗?
Nǐ	chī	fàn	ma?

당신은 밥을 먹습니까?

부정문

긍정문 동사 앞에 '不 bù'를 붙이는데, '不'는 '~하지 않다'라는 부정사입니다.

주어 ⊕	不 ⊕	동사 ⊕	목적어
我	不	吃	饭。
Wǒ	bù	chī	fàn.

나는 밥을 먹지 않습니다.

완료형

긍정문 뒤에 '了 le'를 붙이는데, '了'는 완료를 나타내는 조사입니다.

주어 ⊕	동사 ⊕	목적어 ⊕	了
我	吃	饭	了。
Wǒ	chī	fàn	le.

나는 밥을 먹었습니다.

완료형 부정문

완료형 동사 앞에 '没 méi'를 붙이고, 문장 끝의 '了'를 없앱니다.

주어 ⊕	没 ⊕	동사 ⊕	목적어
我	没	吃	饭。
Wǒ	méi	chī	fàn.

나는 밥을 먹지 않았습니다.

문형 둘 · 형용사가 술어인 경우

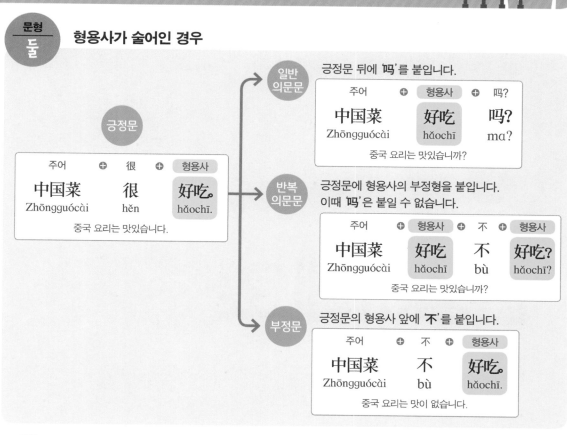

긍정문

주어	⊕	很	⊕	형용사
中国菜 Zhōngguócài		很 hěn		好吃。 hǎochī.

중국 요리는 맛있습니다.

일반 의문문 — 긍정문 뒤에 '吗'를 붙입니다.

주어	⊕	형용사	⊕	吗?
中国菜 Zhōngguócài		好吃 hǎochī		吗? ma?

중국 요리는 맛있습니까?

반복 의문문 — 긍정문에 형용사의 부정형을 붙입니다. 이때 '吗'은 붙일 수 없습니다.

주어	⊕	형용사	⊕	不	⊕	형용사
中国菜 Zhōngguócài		好吃 hǎochī		不 bù		好吃? hǎochī?

중국 요리는 맛있습니까?

부정문 — 긍정문의 형용사 앞에 '不'를 붙입니다.

주어	⊕	不	⊕	형용사
中国菜 Zhōngguócài		不 bù		好吃。 hǎochī.

중국 요리는 맛이 없습니다.

문형 셋 · '是', '有', '在'의 구문 (긍정문 → 의문문 → 부정문)

	'是 shì'의 구문	'有 yǒu'의 구문	'在 zài'의 구문
긍정문	我是韩国人。 Wǒ shì Hánguórén. 저는 한국인입니다.	我有电脑。 Wǒ yǒu diànnǎo. 저는 컴퓨터가 있습니다.	洗手间在那儿。 Xǐshǒujiān zài nàr. 화장실은 저기에 있습니다.
의문문	你是韩国人吗? Nǐ shì Hánguórén ma? 당신은 한국인입니까?	你有电脑吗? Nǐ yǒu diànnǎo ma? 당신은 컴퓨터가 있습니까?	洗手间在那儿吗? Xǐshǒujiān zài nàr ma? 화장실은 저기에 있습니까?
부정문	我不是韩国人。 Wǒ bú shì Hánguórén. 저는 한국인이 아닙니다.	我没有电脑。 Wǒ méiyǒu diànnǎo. 저는 컴퓨터가 없습니다.	洗手间不在那儿。 Xǐshǒujiān bú zài nàr. 화장실은 저기에 없습니다.

01

인사하기

안녕하세요!

🔢 학습 목표
중국어의 기본 인사말을 상황에 맞게 사용할 수 있습니다.

❗ 학습 포인트
1. Nǐ hǎo!
2. Nǐ hǎo ma?
3. Wǒ hěn hǎo.
4. Zài jiàn!

➕ 학습 Plus 자료
- 테마별 단어 카드 가족
- 기초 문법 대명사
- 중국문화 이모저모 중국의 개요

이렇게 공부하세요

동영상 강의 보기   복습용 동영상 보기

기본 표현
한 번에 듣기   응용 회화 듣기   단어 암기하기

기본 표현

1

Ⓐ **Nǐ hǎo!**
안녕!

니 하오
你好!

Ⓑ **Lǎoshī hǎo!**
선생님 안녕하세요!

라오스 하오
老师好!

중국어의 인사말

'你好! Nǐ hǎo!'는 영어의 'Hi!'와 같은 표현으로 꼭 상대방의 대답을 필요로
하지 않는 일반적인 인사말입니다.

보통은 '你好! Nǐ hǎo!'로 인사하면 '你好!'로 대답을 하지만 '你 nǐ' 대신 상
대방을 지칭하는 말을 넣어 '老师好! Lǎoshī hǎo!'처럼 말할 수도 있습니다.

你好!와 你好吗?의 구별

'你好!'는 상대방과 원래 알고 지내던 사람이든 아니든 상관없이 쓸 수 있
는 인사말이며, '你好吗? Nǐ hǎo ma?'는 상대방을 잘 알고 있는 경우에만
할 수 있는 인사말입니다.

'李先生, 你好! Lǐ xiānsheng, nǐ hǎo!'처럼 앞에 상대방을 직접 지칭하면 좀
더 친근한 느낌을 줍니다.

3성+3성의 발음

'你好 nǐ hǎo'처럼 성조 3성과 3성을 연
이어 발음을 할 때는 앞의 3성은 2성으로
소리를 냅니다.

老师와 先生

중국어에서는 '老师 lǎoshī'가 선생님, 교
사를 말하고, '先生 xiānsheng'은 일반
적인 성인 남자를 높여 이를 때 사용합
니다. 또 때로는 자신의 남편을 뜻하기도
합니다.

Shēngcí
生词 새단어 📄

你 nǐ ⓓ 너
好 hǎo ⓗ 안녕하다, 좋다
老师 lǎoshī ⓜ 선생님
吗 ma ⓙ 의문을 나타냄
李 Lǐ ⓜ 이(성씨)
先生 xiānsheng ⓜ 선생님(경어), 남편

②

Ⓐ Nǐ hǎo ma?
잘 지내지요?

니 하오 마
你好吗?

Ⓑ Wǒ hěn hǎo. Nǐ ne?
전 잘 지냅니다. 당신은요?

워 헌 하오 니 너
我很好。你呢?

你呢?

앞 문장에 이어 나오는 '你呢? Nǐ ne?'의 '呢 ne'는 '好吗? hǎo ma?'를 대신하여 '당신은 (어떠하냐)?'는 의문문을 만드는 의문 조사입니다.

이에 대한 대답으로는 긍정일 때는 '我也很好。 Wǒ yě hěn hǎo.'라고 하면 됩니다.

형용사 술어문

주어가 '어떠하다'고 설명해주는 문장을 형용사 술어문이라 합니다. 즉 술어로 형용사가 온다는 말이지요.

- **我很忙。** 나는 바빠요.
  Wǒ hěn máng.

- **我很累。** 나는 피곤해요.
  Wǒ hěn lèi.

부정은 형용사 앞에 '不 bù'를 붙이며, 의문문은 문장 끝에 '吗 ma'를 쓰거나 형용사를 긍정, 부정 형식으로 나란히 써주면 됩니다.

- **我不忙。** 바쁘지 않아요.
  Wǒ bù máng.

- **我不累。** 피곤하지 않아요.
  Wǒ bú lèi.

- **你忙吗?** 바쁩니까?
  Nǐ máng ma?

- **你累不累?** 피곤하나요?
  Nǐ lèi bulèi?

'我很好。 Wǒ hěn hǎo.'처럼 형용사 술어문에서 '很 hěn'은 원래 부사로 '매우'라는 의미를 가지고 있지만 이때에는 그냥 습관적으로 쓰며, 약하게 발음합니다.

시간에 따른 인사

早安! 아침 인사(일어났을 때)
Zǎo'ān!

早上好! 아침 인사
Zǎoshang hǎo!

晚上好! 저녁 인사
Wǎnshang hǎo!

晚安! 밤 인사(안녕히 주무세요)
Wǎn'ān!

[N]이 [ng]으로 발음이 되는 경우

앞 단어의 끝음이 'n'으로 끝나는 말 다음에 'g, k, h'로 시작하는 단어가 오면 끝음의 'n'을 'ng'로 발음합니다.

🔟 很好。 좋아요.
Hěn hǎo.
很快。 빨라요.
Hěn kuài.

Shēngcí
生词 새단어

我 wǒ 때 나
很 hěn 면 매우
呢 ne 조 의문문 끝에서 강조를 나타냄
也 yě 면 ~도
忙 máng 형 바쁘다, 틈이 없다
累 lèi 형 지치다, 피곤하다
不 bù 면 부정(否定)을 나타냄
早 zǎo 명 아침 / 형 (시간이) 이르다
安 ān 형 편안하다, 안정되다
早上 zǎoshang 명 아침
晚上 wǎnshang 명 저녁
晚 wǎn 명 저녁 / 형 (시간이) 늦다

🎧 MP3 01-03

3

A Hǎojiǔ bú jiàn, nín hǎo ma?

하오지우 부 지엔   닌 하오 마
好久不见，您好吗?

오랜만입니다, 잘 지내시죠?

B Wǒ hěn hǎo, xièxie.

워 헌 하오   씨에씨에
我很好，谢谢。

전 잘 지냅니다, 감사합니다.

▋ 존칭의 您

'您 nín(당신)'은 '你 nǐ(너)'의 존칭어입니다. '오랫동안 만나지 못했다'를 뜻하는 '好久不见 hǎo jiǔ bú jiàn'은 '好 hǎo' 대신 '很 hěn'을 넣어서 '很久不见 hěn jiǔ bú jiàn'이라고도 합니다.

▋ 부사로 쓰이는 好

'好 hǎo'를 '几 jǐ, 多 duō, 久 jiǔ' 등의 단어 앞에 써서 수량이 많거나 시간이 길다는 것을 강조할 수 있습니다.

- 我买了好几个。   나는 여러 개를 샀어요.
  Wǒ mǎi le hǎo jǐge.

▋ 부사가 오는 순서

사람 뒤에 부사 '也 yě, 都 dōu' 등을 써서 표현을 좀 더 풍성하게 할 수도 있습니다. 이때에는 순서에 주의하여 써야 합니다.

- 我们也都很好。   우리도 모두 (매우) 잘 지내요.
  Wǒmen yě dōu hěn hǎo.

가장 많이 쓰이는 표현 谢谢

'谢谢 Xièxie'는 '감사합니다', '고맙습니다'라는 뜻입니다. 이에 대한 대답은 어떻게 할까요?

不客气。   不(用)谢。
Bú kèqi.   Bú(yòng)xiè.

不要客气。   别客气。
Bú yào kèqi.   Biékèqi.

没什么。   你太客气了。
Méi shénme.   Nǐ tài kèqi le.

Shēngcí
生词 새단어

久 jiǔ 〔형〕 오래다, 시간이 길다

见 jiàn 〔동〕 보다, 만나다

您 nín 〔대〕 당신, 귀하(你의 존칭)

谢谢 xièxie 〔동〕 감사하다

几 jǐ 〔대〕 몇(주로 10 이하의 수)

多 duō 〔형〕 (수량이) 많다

买 mǎi 〔동〕 사다

个 ge 〔양〕 개, 사람, 명

我们 wǒmen 〔대〕 우리(들)

都 dōu 〔부〕 모두, 다

他 tā 〔대〕 그, 그 사람

用 yòng 〔동〕 ~하는 것이 필요하다

客气 kèqi 〔동〕 사양하다, 체면을 차리다

要 yào 〔동〕 원하다, 필요하다

别 bié 〔부〕 ~하지 마라

没 méi 〔동〕 ~없다, ~않다

什么 shénme 〔대〕 무엇, 무슨

太 tài 〔부〕 대단히, 너무

了 le 〔조〕 문장의 끝 또는 문장 중의 멈추는 곳에 쓰여 감탄을 나타냄

4

Ⓐ Zài jiàn!
안녕히 가세요!

짜이 지엔
再见!

Ⓑ Míngtiān jiàn!
내일 만나요!

밍티엔 지엔
明天见!

再见!

'再见! Zài jiàn!'은 '또 만나요', '안녕히 가세요'란 뜻으로, 다시 만날 날짜를 정하지 않고 헤어질 때 씁니다.

보통 '再见!'에는 '再见!'으로 답합니다.

다시 만날 것을 기대하며 헤어지는 경우 '明天见! Míngtiān jiàn!'처럼 '见 jiàn' 앞에 다시 만나고자 하는 시점을 넣어 표현하면 됩니다.

- **后天见!**　모레 만나요!
  Hòutiān jiàn!
- **一会儿见!**　잠시 후에 만나요!
  Yíhuìr jiàn!

헤어질 때 인사 拜拜

헤어질 때 '再见' 외에도 '拜拜 báibái'라고도 인사합니다. 원래 '拜'는 4성이나 인사말로 쓰일 때에는 일반적으로 2성으로 씁니다. 이는 외래어 'bye-bye'에서 온 인사말입니다.

Shēngcí
生词 새단어

再 zài 🄫 재차, 또
再见 zàijiàn 🄫 (인사말) 또 뵙겠습니다,
　　　　　　안녕히 가세요
明天 míngtiān 🄜 내일
后天 hòutiān 🄜 모레
一会儿 yíhuìr 🄜 짧은 시간, 잠시,
　　　　　　잠깐 사이

기본 형용사

따	샤오
大 크다 – **小** 작다	
dà	xiǎo

칭	쭝
轻 가볍다 – **重** 무겁다	
qīng	zhòng

까오	띠
高 높다 – **低** 낮다	
gāo	dī

창	뚜안
长 길다 – **短** 짧다	
cháng	duǎn

콰이	만
快 빠르다 – **慢** 느리다	
kuài	màn

렁	러
冷 춥다 – **热** 덥다	
lěng	rè

Nín hǎo! Lǐ xiānsheng!

닌 하오　리 시엔성
您好! 李先生!

Ǹg, Jīn Nànà, nǐ hǎo!

응　진 나나　니 하오
嗯，金娜娜，你好!

Hǎojiǔ bú jiàn, nín hǎo ma?

하오지우 부 지엔　닌 하오 마
好久不见，您好吗?

Wǒ hěn hǎo, nǐ jiārén hǎo ma?

워 헌 하오　니 지아런 하오 마
我很好，你家人好吗?

Tāmen yě dōu hěn hǎo, xièxie.

타먼　예 또우 헌 하오　씨에씨에
他们也都很好，谢谢。

Zài jiàn!

짜이 지엔
再见!

Zhōumò yúkuài, zài jiàn!

쩌우모 위콰이　짜이 지엔
周末愉快，再见!

나나	안녕하세요! 이 선생님!
이 선생님	오, 김나나 씨, 안녕하세요!
나나	오래간만에 뵈어요, 잘 계시지요?
이 선생님	나는 좋아요, 가족들도 안녕하시지요?
나나	예, 그들도 모두 잘 지내요, 감사합니다.
이 선생님	잘 가요!
나나	주말 즐겁게 보내세요, 안녕히 가세요!

관용적으로 쓰이는 인사말

'周末愉快 Zhōumò yúkuài'는 '즐거운 주말 보내세요'라는 뜻의 관용적 표현입니다. 이와 비슷한 유형의 인사말을 알아볼까요?

生日快乐! 생일 축하해요!
Shēngrì kuàilè!

圣诞快乐! 메리 크리스마스!
Shèngdàn kuàilè!

新年快乐! 새해 복 많이 받으세요!
Xīnnián kuàilè!

恭喜发财! 부자 되세요!
Gōngxǐ fācái!

万事如意! 모든 일이 뜻대로 되시길!
Wànshì rúyì!

Shēngcí
生词 새단어

金娜娜 Jīn Nànà 몡 김나나(사람 이름)
周末 zhōumò 몡 주말
快乐 kuàilè 혱 즐겁다
恭喜 gōngxǐ 통 축하하다
如意 rúyì 통 뜻대로 되다

家人 jiārén 몡 한가족, 식구
愉快 yúkuài 혱 기쁘다, 유쾌하다
圣诞 shèngdàn 몡 성탄절
发财 fācái 통 큰돈을 벌다

他们 tāmen 때 그들, 저들
生日 shēngrì 몡 생일
新年 xīnnián 몡 신년, 새해
万事 wànshì 몡 만사, 모든 일

1 단어를 듣고 성조를 표기해 보세요. 🎧 MP3 01-07

❶ hen   **❷** hao

❸ nin   **❹** jian

2 그림을 보고 대화해 보세요.

Ⓐ 你好吗?

Nǐ hǎo ma?

Ⓑ _____ 。

_____ .

Ⓐ 再见!

Zài jiàn!

Ⓑ _____ !

_____ !

3 주어진 단어를 이용하여 문장을 완성해 보세요.

❶ 오래간만이에요, 잘 지내시죠?

(jiǔ, ma, bù, nǐ, hǎo, jiàn, hǎo / 久, 吗, 不, 你, 好, 见, 好)

_____

❷ 당신의 가족들도 잘 있습니까?

(dōu, ma, nǐ, jiārén, yě, hǎo / 都, 吗, 你, 家人, 也, 好)

_____

가족

예예
爷爷
yéye
할아버지

나이나이
奶奶
nǎinai
할머니

라오예
姥爷
lǎoye
외할아버지

라오라오
姥姥
lǎolao
외할머니

꾸구
姑姑
gūgu
고모

빠바
爸爸
bàba
아빠

슈슈
叔叔
shūshu
삼촌

이(마)
姨(妈)
yí(mā)
이모

마마
妈妈
māma
엄마

찌우지우
舅舅
jiùjiu
외삼촌

꺼거
哥哥
gēge
형(오빠)

지에지에
姐姐
jiějie
누나(언니)

워
我
wǒ
나

띠디
弟弟
dìdi
남동생

메이메이
妹妹
mèimei
여동생

인칭 대명사 (사람을 대신하여 쓰는 대명사)

	1인칭	2인칭	3인칭	3인칭	3인칭
단수형	我 wǒ 나	你 / 您 nǐ / nín 너 / 당신	他 tā 그	她 tā 그녀	它 tā 그것
복수형	我们 / 咱们 wǒmen / zánmen 우리들	你们 nǐmen 너희들	他们 tāmen 그들	她们 tāmen 그녀들	它们 tāmen 그것들

남녀 혼성의 경우는 他们을 쓰고,
'们'은 주로 사람을 나타내는 명사나 대명사 뒤에 붙어서 '~들'이라는 복수를 나타냅니다.

지시 대명사 (사람이나 사물을 구별하는 대명사)

这 zhè	이, 이것	这里 여기, 이곳 zhèli	这儿 여기 zhèr
		这么 이렇게 zhème	这样 이렇게 zhèyàng
那 nà	저, 저것 그, 그것	那里 저기, 저곳 nàli	那儿 저기 nàr
		那么 저렇게 nàme	那样 저렇게 nàyàng

의문 대명사 (의문문을 만드는 대명사)

여러 가지 의문 대명사	
谁 누구 shéi	为什么 왜, 무엇 때문에 wèishénme
什么 무엇 shénme	怎么 어떻게, 어째서 (상황·방식·원인을 물을 때) zěnme
哪 어느 nǎ	怎么样 어떠한가 (상태·성질을 물을 때) zěnmeyàng
哪儿 어디 nǎr	几 얼마, 몇 (날짜·요일·숫자를 물을 때) jǐ
什么时候 언제 shénmeshíhou	多少 얼마, 몇 (값이나 전화번호를 물을 때) duōshao

★ **국가명**　중국의 정식 명칭은 중화인민공화국(中华人民共和国)이다. 1949년 10월 1일에 건국하였으며 수도는 북경이고 북경표준어를 공통어로 사용하고 있다. 국기는 오성홍기(五星红旗)이다. 우리나라와는 1992년 8월 24일 수교를 맺었다.

★ **면적**　면적은 960만 ㎢로서, 한반도의 44배이고 남한의 96배이며, 세계 3위이다.

★ **기후**　중국 남부의 대만(台湾), 해남(海南), 광동(广东), 광서(广西), 운남(云南) 지역은 겨울이 없고 사계절 따뜻하고 비가 많이 내린다. 반면 청장고원은 연중 눈이 녹지 않는다. 대부분 지역은 온대와 아열대에 속하지만 북부 흑룡강성의 연평균 기온은 4도이고 최남단 해남성의 연평균 기온은 24도이다.

★ **인구**　중국의 인구는 약 13억으로 세계 인구의 4분의 1을 차지하고 있으며 세계에서 인구가 가장 많은 나라이다.

★ **행정구역**　중국에는 23개 성(省), 5개 자치구(自治区), 4개 직할시(直辖市), 2개 특별 행정구(特别行政区)로 총 34개의 행정구역으로 이루어져 있다.

★ **민족**　중국은 다민족 국가로 13억 인구에서 약 91.5%가 한족이고 8.5%가 소수민족이다. 한족 이외에 55개 소수민족이 있다.

02

이름 묻기

이름이 뭐예요?

❓ 학습 목표

상대방의 이름뿐만 아니라 사물의 이름과 물건의 소유 관계 등
을 말할 수 있습니다.

❗ 학습 포인트

1. Zhè shì shénme?
2. Nà yě shì shū ma?
3. Nǐ jiào shénme míngzi?
4. Nín guì xìng?

➕ 학습 Plus 자료

- 테마별 단어 카드 나라 이름
- 기초 문법 的의 쓰임
- 중국문화 이모저모 중국인

이렇게 공부하세요

동영상 강의 보기　　　　　　복습용 동영상 보기

기본 표현　　　　응용 회화 듣기　　　　단어 암기하기
한 번에 듣기

1

A Zhè shì shénme?
이것은 무엇인가요?

B Zhè shì shū.
이것은 책입니다.

쩌 스 선머
这是什么?

쩌 스 슈
这是书。

지시 대명사와 의문 대명사를 활용한 표현

가까운 위치의 사물을 표현하는 '이것'은 '这 zhè'라고 하고, 멀리 떨어진 '그것, 저것'은 '那 nà'라고 합니다.

'什么 shénme' 대신 '谁 shéi'를 쓰면 '이 사람은 누구입니까?'라는 표현이 됩니다.

是자문

'这是书。Zhè shì shū.'와 같이 'A는 B이다'를 나타내는 문장에서 '是 shì' 는 판단을 나타내며, 이를 '是자문'이라고 합니다.

이러한 문장에서 주어는 지시 대명사뿐만 아니라 인칭 대명사가 올 수도 있습니다.

- **我是老师。** 나는 교사입니다.
  Wǒ shì lǎoshī.

의문 대명사 什么

'무엇'이라는 뜻으로, 사물이 무엇인지 물어보는 표현입니다.

예 这是什么? 이것은 무엇인가요?
　 Zhè shì shénme?

　 你吃什么? 당신은 무엇을 먹나요?
　 Nǐ chī shénme?

명사 앞에 붙어 '무슨'이라는 한정어 역할을 합니다.

예 什么杂志? 무슨 잡지?
　 Shénme zázhì?

　 什么地图? 무슨 지도?
　 Shénme dìtú?

Shēngcí
生词 새단어

这 zhè 〔대〕이것, 이
是 shì 〔동〕~이다.
什么 shénme 〔대〕무엇, 무슨
书 shū 〔명〕책
那 nà 〔대〕그, 저
谁 shéi 〔대〕누구
吃 chī 〔동〕먹다
杂志 zázhì 〔명〕잡지
地图 dìtú 〔명〕지도

2

Ⓐ Nà yě shì shū ma?

저것도 책인가요?

나 예 스 슈 마
那也是书吗?

Ⓑ Nà bú shì shū, nà shì běnzi.

저것은 책이 아닙니다, 저것은 공책입니다.

나 부 스 슈　나 스 번즈
那不是书，那是本子。

是자문의 부정문

'是자문'의 부정 표현은 어떻게 할까요? 그냥 '是 shì' 앞에 '不 bù'만 붙여주면 됩니다.

- 那(个)是书。　➡　那**不**是书。
  Nà (ge) shì shū.　　Nà bú shì shū.
  저것은 책입니다.　　저것은 책이 **아닙니다**.

- 她是老师。　➡　她**不**是老师。
  Tā shì lǎoshī.　　Tā bú shì lǎoshī.
  그녀는 선생님입니다.　　그녀는 선생님이 **아닙니다**.

是자문의 의문문과 대답

문장 맨 뒤에 '吗 ma'를 붙이거나 긍정 부정 형태인 '是不是 shì bushi'를 이용하면 됩니다.

- 저것은 책입니까?
  那(个)是书**吗**?　　那**是不是**书?
  Nà(ge) shì shū ma?　　Nà shì bushi shū?

- 그녀는 선생님**입니까**?
  她是老师**吗**?　　她**是不是**老师?
  Tā shì lǎoshī ma?　　Tā shì bushi lǎoshī?

보통 회화에서는 이러한 질문에 '예', '아니요'로 간단하게 대답하는 경우가 많지요?

- **Ⓐ** 你是老师吗?　　당신은 선생님입니까?
  Nǐ shì lǎoshī ma?

- **Ⓑ** 是。 예 　/　 **不是**。 아니요.
  Shì.　　　　　　Bú shì.

'不'의 성조 변화

'不 bù'의 원래 성조는 4성이지만 다음의 경우에서는 성조 변화가 있습니다.

- 4성 앞에서는 2성으로 발음합니다

  📖 不去　가지 않는다
  　bú qù

  　不大　크지 않다
  　bú dà

- 단어의 중간에 올 때는 경성으로 발음합니다.

  📖 对不起　미안하다
  　duìbuqǐ

  　差不多　큰 차이가 없다, 그런대로 괜찮다
  　chàbuduō

Shēngcí
生词 새단어

不是 bú shì 〔동〕 ~이 아니다
本子 běnzi 〔명〕 공책
她 tā 〔대〕 그녀, 그 여자
去 qù 〔동〕 가다
大 dà 〔형〕 크다
对不起 duìbuqǐ 〔동〕 미안합니다
差不多 chàbuduō 〔형〕 큰 차이가 없다, 그런대로 괜찮다

 MP3 02-03

3

Ⓐ **Nǐ jiào shénme míngzi?**
당신의 이름은 무엇입니까?

니 **찌아오** 선머 **밍쯔**
你叫什么名字?

Ⓑ **Wǒ jiào Jīn Nànà.**
저는 김나나라고 합니다.

워 찌아오 진 **나나**
我叫金娜娜。

이름 말하기

이름을 묻는 표현의 대답은 '我叫~ Wǒ jiào~' 또는 '我是~ Wǒ shì~'로 하면 됩니다. 우리나라에서는 대개 성과 이름을 함께 얘기하죠?

- **我叫金娜娜。**　저는 김나나라고 부릅니다.
  Wǒ jiào Jīn Nànà.
- **我是金娜娜。**　저는 김나나입니다.
  Wǒ shì Jīn Nànà.

또한 성뿐만 아니라 이름도 대문자로 씁니다.

- **李民国**
  Lǐ Mínguó
- **朴明淑**
  Piáo Míngshū

叫의 다양한 쓰임

'叫 jiào'는 여러 가지 의미로 쓰이는데, 그중 흔히 다음의 몇 가지로 사용됩니다.

- ~라고 하다, ~라고 부르다
- 예 我叫金娜娜。 저는 김나나라고 합니다.
  Wǒ jiào Jīn Nànà.

- 부르다, 외치다
- 예 妈妈叫我。 엄마가 저를 부르셔요.
  Māma jiào wǒ.

- ~하게(하도록) 하다(사역의 의미)
- 예 他叫我去。 그가 나더러 가라고 합니다.
  Tā jiào wǒ qù.

Shēngcí
生词 새단어

叫 jiào 동 (~라고) 부르다, 시키다
名字 míngzi 명 이름

기본 동사

 MP3 02-04

	칸 **看** 보다 kàn		팅 **听** 듣다 tīng		슈어 **说** 말하다 shuō
	츠 **吃** 먹다 chī		허 **喝** 마시다 hē		짠 **站** 서다 zhàn
	쭈어 **坐** 앉다 zuò		쿠 **哭** 울다 kū		시아오 **笑** 웃다 xiào

4

A Qǐng wèn, nín guì xìng?
실례지만, 성(姓)이 어떻게 되시죠?

칭 원　닌 꾸이 씽
请问，您贵姓?

B Wǒ xìng Jīn, jiào Nànà.
성은 김이고, 이름은 나나입니다.

워 씽 진　찌아오 나나
我姓金，叫娜娜。

성(姓) 물어보기

'您贵姓? Nín guì xìng?'은 상대방의 성(姓)을 정중하게 묻는 표현입니다. '您 nín'이라는 존칭어와 '贵 guì'가 합쳐졌으니 당연 높임말임을 알 수 있겠지요? 일반적인 표현으로는 '你姓什么? Nǐ xìng shénme?'와 같은 의미입니다.

이때, 당신(您 nín)이 아닌 '他 tā', '她 tā'와는 함께 쓰일 수 없으며, 대답 또한 '我贵姓~ wǒ guì xìng~'이라고 하면 안 됩니다. '我姓~ wǒ xìng~' 또는 좀 더 공손하게 '免贵姓~ miǎn guì xìng~'이라고 합니다.

성이 궁금하여 묻는 표현이므로 이름 부분은 생략해도 되고, '你叫什么名字? Nǐ jiào shénme míngzi?'의 대답처럼 '我叫~ wǒ jiào~' 또는 '我是~ wǒ shì~'로 성과 이름을 함께 말해도 됩니다.

성과 이름을 묻는 질문에 대답하기

질문 请问，您贵姓?　실례지만, 성이 어떻게 되시죠?
Qǐng wèn, nín guì xìng?

대답1 我姓金。　제 성은 김입니다.
Wǒ xìng Jīn.

대답2 我叫金娜娜。　저는 김나나라고 합니다.
Wǒ jiào Jīn Nànà.

대답3 我是金娜娜。　저는 김나나입니다.
Wǒ shì Jīn Nànà.

대답4 我姓金，叫娜娜。　성은 김이고, 이름은 나나입니다.
Wǒ xìng Jīn, jiào Nànà.

대답5 我免贵姓金。　제 성은 김입니다. (공손한 표현)
Wǒ miǎn guì xìng Jīn.

请의 쓰임

'请 qǐng'은 영어의 'please'와 같은 표현으로 정중한 부탁의 느낌을 줍니다. 그러므로 '请问 qǐng wèn'은 '말씀 좀 묻겠습니다(여쭐 게 있어요)', '죄송합니다만'과 같은 의미입니다. 주로 처음 말을 걸 때 자주 사용하는 표현입니다.

贵의 쓰임

'贵 guì'의 기본 의미는 '비싸다', '귀하다'입니다. 명사 앞에 쓰여 그 대상을 높여 부를 때 사용할 수 있습니다.

예 贵国　귀국(당신 나라)
guìguó

贵公司　귀사(당신 회사)
guì gōngsī

Shēngcí
生词 새단어

请 qǐng 통 청하다, 부탁하다

问 wèn 통 묻다

请问 qǐng wèn 통 말씀 좀 여쭙겠습니다

贵 guì 형 (경어) 상대방과 관련된 사물을 높일 때

姓 xìng 명 성, 성씨

免 miǎn 통 면하다, 제거하다, 피하다

国 guó 명 나라, 국가

公司 gōngsī 명 회사, 직장

Zhè shì shénme?

쩌 스 선머
这是什么?

Zhè shì shū.

쩌 스 슈
这是书。

Zhè shì shénme shū?

쩌 스 선머 슈
这是什么书?

Zhè shì Hànyǔ shū.

쩌 스 한위 슈
这是汉语书。

Zhè shì shéi de shū?

쩌 스 셰이 더 슈
这是谁的书?

Zhè shì wǒ mèimei de shū.

쩌 스 워 메이메이 더 슈
这是我妹妹的书。

Nǐ mèimei jiào shénme míngzi?

니 메이메이 찌아오 선머 밍쯔
你妹妹叫什么名字?

Tā jiào Wáng Měi.

타 찌아오 왕 메이
她叫王美。

나나	이것은 뭐예요?
왕밍	이것은 책이에요.
나나	이것은 무슨 책이에요?
왕밍	이것은 중국어 책이에요.
나나	이것은 누구의 책인가요?
왕밍	이것은 제 여동생의 책이에요.
나나	당신의 여동생의 이름은 뭐예요?
왕밍	그녀는 왕메이라고 해요.

的의 쓰임

'〜의'라는 뜻으로 뒷말을 수식할 때 '的 de'를 씁니다. 명사가 명사를 수식할 때는 '〜의', 동사 또는 형용사가 명사를 수식할 때는 '〜한'이라고 해석합니다.

예 妹妹的词典　여동생의 사전
　　mèimei de cídiǎn

　　我的爸爸(= 我爸爸)　나의 아빠
　　wǒ de bàba (= wǒ bàba)

　　新买的衣服　새로 산 옷
　　xīn mǎi de yīfu

이때 중심어를 생략할 수도 있습니다.

- 我的(书)　내 것(책)
　wǒ de (shū)

　妹妹的(词典)　여동생의 것(사전)
　mèimei de (cídiǎn)

Shēngcí
生词 새단어

汉语 Hànyǔ 명 중국어	的 de 조 〜의, 〜한	妹妹 mèimei 명 여동생
王美 Wáng Měi 명 왕메이(사람 이름)	词典 cídiǎn 명 사전	爸爸 bàba 명 아빠, 아버지
新 xīn 형 새로이, 갓	买 mǎi 동 사다	衣服 yīfu 명 옷

연습 문제

1 단어를 듣고 성조를 표기해 보세요. 🎧 MP3 02-07

① shenme

② shei

③ meimei

④ qing wen

2 그림을 보고 대화해 보세요.

Ⓐ 这是什么?
　　Zhè shì shénme?

Ⓑ 这是 _____。
　　Zhè shì _____ .

Ⓐ 你叫什么名字?
　　Nǐ jiào shénme míngzi?

Ⓑ 我叫_____。
　　Wǒ jiào _____ .

3 주어진 단어를 이용하여 문장을 완성해 보세요.

① 저것은 책이 아니고 잡지입니다.

(zázhì, shì, nà, shū, bú, shì, nà / 杂志, 是, 那, 书, 不, 是, 那)

_____

② 이것은 내 여동생의 책입니다.

(shì, shū, wǒ, de, zhè, mèimei / 是, 书, 我, 的, 这, 妹妹)

_____

나라 이름

독일

더궈
德国
Déguó

미국

메이궈
美国
Měiguó

영국

잉궈
英国
Yīngguó

일본

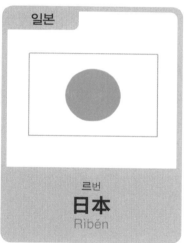

르번
日本
Rìběn

이탈리아

이달리
意大利
Yìdàlì

중국

쭝궈
中国
Zhōngguó

캐나다

지아나다
加拿大
Jiānádà

프랑스

파궈
法国
Fǎguó

한국

한궈
韩国
Hánguó

기본적으로 '的'는 소유나 소속을 나타냅니다.
명사나 대명사가 '的'를 동반하여 다른 명사를 꾸며주며, '∼의'라고 해석합니다.

我的书 나의 책
wǒ de shū

李先生的小孩儿 이 선생님의 아이
Lǐ xiānsheng de xiǎo háir

谁的书 누구의 책
shéi de shū

○ 인칭 대명사의 한정어로 쓰여 친족 관계나 인간 관계, 소속 기관을 나타낼 때는 '的'를 쓰지 않습니다.

我妈妈 우리 엄마
wǒ māma

我们学校 우리 학교
wǒmen xuéxiào

我朋友 내 친구
wǒ péngyou

○ 상태를 묘사하는 형용사 한정어와 중심어(명사)와의 사이에는 '的'를 써주어야 합니다.
'∼한'으로 해석합니다.

很新的书 새로운(새) 책
hěn xīn de shū

太大的学校 매우 큰 학교
tài dà de xuéxiào

很好的朋友 좋은 친구
hěn hǎo de péngyou

○ 명사를 수식하는 한정어가 단음절 형용사인 경우 중심어(명사)와의 사이에는 '的'를 쓰지 않습니다.

新书 새 책
xīn shū

好朋友 좋은 친구
hǎo péngyou

○ 여러 종류의 단어, 동사구, 형용사구 등이 한정어로 오면 중심어(명사)와의 사이에 '的'를 써주어야 합니다.

新来的学生 새로 온 학생
xīn lái de xuésheng

我看的书 내가 본 책
wǒ kàn de shū

○ 보통 문장 맨 뒤에 오는 '的'는 이미 과거에 일이 발생했음을 강조하는 데 주로 쓰입니다.
'∼의(한) 것'이라 해석합니다.

我一个人去的。 나 혼자 간 것입니다.
Wǒ yí ge rén qù de.

这是谁的? 이것은 누구의 것입니까?
Zhè shì shéi de?

我上个周末回国的。 내가 귀국한 것은 지난 주말입니다.
Wǒ shàng ge zhōumò huíguó de.

○ 때로는 그런 성향이나 직업을 가진 '사람'을 나타내기도 합니다.

做菜的 요리사
zuòcài de

教书的 선생님
jiāoshū de

开车的 기사
kāichē de

중국은 한국의 96배의 넓은 땅을 소유하고 있으며, 56개의 다양한 민족으로 구성된 국가이기 때문에 지역에 따라 각기 다른 문화적 특성을 보여주고 있다.

남쪽으로 갈수록 기후가 덥고 습기가 많은데, 그곳 사람들은 비교적 키가 작으며 피부색도 하얀 편이다. 또한 움직이는 걸 싫어하고 성격도 느긋한 편이며 먹는 음식도 비교적 싱겁고 담백한 편이다. 반면 북쪽으로 갈수록 기후가 건조하고 차가운 탓에 먹는 음식도 짜고, 맵고, 진한 맛의 음식을 즐겨 먹으며 추운 기후 때문에 술을 매우 좋아한다. 북쪽 사람들은 성격이 밝고 급하며 감정도 쉽게 드러내는 편이지만 남쪽 사람들은 겉으로 봐서는 무슨 생각을 하고 있는지 짐작할 수가 없다.

중국인들은 신뢰 관계에 있어서는 말보다 행동을 중시하며 일단 이미 신뢰가 쌓인 상대는 손해가 발생하더라도 우정을 위해 지속적으로 거래를 유지하고자 하는 대륙적인 기질을 다분히 가지고 있다.

한국인들은 중국인들을 만만디(慢慢地 mànmàndi)라고 여기지만 중국인 자신들은 결코 만만디라고 생각하지 않는다. 그들은 이 단어의 뜻을 '느리게'가 아닌 '더욱 침착하게, 신중하게'란 뜻으로 생각한다. 중국인들은 짝수를 좋아하며 특히 6자와 8자, 9자를 좋아한다. 짝수는 안전하다고 여기기에 좋아하며 6은 일이 아주 순조롭다는 의미의 단어와 발음이 비슷해 좋아한다. 8자는

'돈을 번다'는 뜻인 '발재(发财 fācái)'의 '발(发 fā)'과 발음이 비슷해서 좋아하고, 9는 숫자 가운데 가장 크고, '오래가다, 영원하다'는 뜻의 '구(久 jiǔ)'와 발음이 같아서 좋아한다. 4는 꺼리는 숫자로 '죽음(死 sǐ)'과 발음이 같아서 싫어한다.

또한 색상으로는 적색과 황색을 좋아한다. 적색은 악을 물리치고 풍요와 복을 불러들이는 색을 상징하여 좋아하며, 황색은 황제를 상징하는 색이기에 좋아한다. 동물 중에서 용은 전설상의 동물로 신성시하여 왕과 황제를 상징하며, 호랑이는 힘과 용맹을 상징한다. 거북이는 지조 없는 동물을 상징하여 욕설의 대명사로 사용한다. 또한 여우는 교활함을 상징한다. 따라서 중국인과의 대화 시에 숫자나 동물을 거론하게 될 때에는 각별한 주의가 필요하다.

03

관계, 국적, 직업 묻기

직업이 뭐예요?

🔳 학습 목표

사람과의 관계, 국적, 직업 등을 서로 묻고 답할 수 있습니다.

🔳 학습 포인트

① Zhè shì shéi?
② Nǐmen shì nǎ guó rén?
③ Nǐ yǒu nán péngyou ma?
④ Nǐ zuò shénme gōngzuò?

🔳 학습 Plus 자료

- 테마별 단어 카드 직업
- 기초 문법 在의 용법
- 중국문화 이모저모 북경의 볼거리

이렇게 공부하세요

동영상 강의 보기　　　　　　복습용 동영상 보기

기본 표현　　　응용 회화 듣기　　　단어 암기하기
한 번에 듣기

🎧 MP3 03-01

1

A Zhè shì shéi?

이 사람은 누구예요?

쩌 스 셰이
这是谁?

B Zhè shì wǒ tóngshì.

이 사람은 제 회사 동료예요.

쩌 스 워 퉁스
这是我同事。

사람을 가리키는 지시 대명사

지시대명사 '这 zhè(이, 이것)'나 '那 nà(그/저, 그것/저것)'가 때로는 사람을 지칭하기도 하여, '이 사람', '그 사람/저 사람'을 뜻하기도 합니다.

● **那是我同学。** 저 사람은 제 학교 친구예요.
Nà shì wǒ tóngxué.

'这 zhè'나 '那 nà' 대신 '他 tā, 他们 tāmen'을 넣어서도 질문할 수 있어요.

● **他是谁?** 그는 누구예요?
Tā shì shéi?

● **他们是谁?** 그들은 누구예요?
Tāmen shì shéi?

대답은 '谁 shéi'에 사람의 신분을 나타내는 단어를 넣으면 됩니다.

● **这是我同学。** 이 사람은 학교 친구예요.
Zhè shì wǒ tóngxué.

의문 대명사 谁

'谁 shéi'는 사람이 '누구'인지 묻는 표현입니다. 또한 '谁的 shéi de'의 형태로 명사를 수식하기도 합니다.

 他是谁? 그는 누구예요?
Tā shì shéi?

这是谁的书? 이것은 누구의 책이에요?
Zhè shì shéi de shū?

Shēngcí
生词 새단어

同事 tóngshì 명 동료
同学 tóngxué 명 학교 친구, 동창

교실에서

🎧 MP3 03-02

쭈어즈 **桌子** 책상 zhuōzi	이즈 **椅子** 의자 yǐzi	헤이반 **黑板** 칠판 hēibǎn
슈 **书** 책 shū	뻰즈 **本子** 공책 běnzi	슈빠오 **书包** 책가방 shūbāo
치엔비 **铅笔** 연필 qiānbǐ	샹피 **橡皮** 지우개 xiàngpí	위엔쮸비 **圆珠笔** 볼펜 yuánzhūbǐ

②

Ⓐ Nǐmen shì nǎ guó rén?
당신들은 어느 나라 사람입니까?

니먼 스 나 궈 런
你们是哪国人?

Ⓑ Wǒmen dōu shì Hánguórén.
우리는 모두 한국 사람입니다.

워먼 또우 스 한궈런
我们都是韩国人。

국적을 말할 때

해외에서 비슷한 동양인을 만나거나 서양인을 만났을 때 물어볼 수 있는 표현입니다. 나라 뒤에 '人 rén'만 붙이면 '그 나라 사람'이라는 뜻이 됩니다. 의문사 '哪 nǎ'가 있어서 의문문이지만 문장 끝에 '吗 ma'를 붙이지 않습니다.

Ⓐ 他是哪国人? 그는 어느 나라 사람입니까?
Tā shì nǎ guó rén?

Ⓑ 他是美国人。 그는 미국 사람입니다.
Tā shì Měiguórén.

'咱们'과 '我们'의 구별

우리말 해석은 둘 다 '우리'라고 하지만, '咱们 zánmen'은 말하는 사람과 듣는 사람 모두를 포함하는 개념이고, '我们 wǒmen'은 말하는 사람 그룹만을 의미합니다.

Ⓐ 明天我跟明明去海边。 나는 내일 밍밍과 해변에 갈 거예요.
Míngtiān wǒ gēn Míngmíng qù hǎibian.

Ⓑ 我也想去。 나도 가고 싶어요.
Wǒ yě xiǎng qù.

Ⓐ 那么，咱们一起去吧。 그럼, 우리 함께 가요.
Nàme, zánmen yìqǐ qù ba.

의문 대명사 哪

'哪 nǎ'는 '어느', '어떤'의 뜻으로, 뒤에 양사나 수량사를 동반합니다.

예 哪国人? 어느 나라 사람?
nǎ guó rén?

哪本书? 어떤 책?
nǎ běn shū?

哪个学校? 어느 학교?
nǎ ge xuéxiào?

哪三个人? 어떤 세 사람?
nǎ sān ge rén?

Shēngcí
生词 새단어

你们 nǐmen 명 너희, 당신들
哪 nǎ 대 어느, 어떤
国 guó 명 나라, 국가
人 rén 명 사람
韩国 Hánguó 명 한국
美国 Měiguó 명 미국
咱们 zánmen 대 우리
　　　　　(대화 상대까지 포함하는 말)
跟 gēn 접 ~와(과)
明明 Míngmíng 명 밍밍(사람 이름)
去 qù 동 가다
海边 hǎibian 명 해변, 바닷가
想 xiǎng 동 ~하고 싶다, 바라다
那么 nàme 접 그러면
一起 yìqǐ 부 같이, 함께
吧 ba 조 (문장 끝에 쓰여) 제의, 청유, 기대,
　　　　　명령 등의 어기를 나타냄
本 běn 양 권(책, 공책을 세는 단위)
学校 xuéxiào 명 학교
三 sān 수 3, 셋

🎧 MP3 03-04

3

A Nǐ yǒu nánpéngyou ma?
남자친구 있어요?

니 여우 난평여우 마
你有男朋友吗?

B Méi yǒu.
없습니다.

메이 여우
没有。

有자문

무엇을 가지고 있는지 없는지를 물을 때는 '有 yǒu'를 쓰는데요, 이때 '有'는 소유를 나타내는 동사이고 이를 '有자문'이라고 합니다. 근데, '有'의 부정은 '不有 bù yǒu'가 아니라 '没有 méi yǒu'라는 것을 기억하세요.

또, '吗 ma' 대신에 긍정 부정 형식의 '有没有 yǒu méiyǒu'를 써서 '你有没有男朋友? Nǐ yǒu méiyǒu nánpéngyou?'처럼 의문문을 만들 수 있습니다.

有의 쓰임

● 사람의 소유(존재) 유무를 물을 때

A **你有女朋友吗?**　여자친구가 있어요?
Nǐ yǒu nǚpéngyou ma?

B **没有。(＝我没有女朋友。)**　없어요. (여자친구가 없어요.)
Méi yǒu. (= Wǒ méi yǒu nǚpéngyou.)

● 사물의 소유 유무를 물을 때

A **你有书吗?**　책을 가지고 있어요?
Nǐ yǒu shū ma?

B **有。**　예. (가지고 있어요.)
Yǒu.

　没有。　아니요. (가지고 있지 않아요.)
Méi yǒu.

男朋友와 男的朋友의 차이 ✏️

요즘 '남사친(남자 사람 친구)'이란 말을 자주 쓰지요? 이 경우에는 '男朋友' 구별하여 '男的朋友 nán de péngyou'라고 한답니다. '女朋友 nǚpéngyou 여자친구', '女的朋友 nǚ de péngyou 여사친(여자 사람 친구)'도 구별할 수 있겠지요?

Shēngcí
生词 새단어 📄

有 yǒu 图 있다, 소유하다
男 nán 图 남자
朋友 péngyou 图 친구
男朋友 nánpéngyou 图 남자친구
女 nǚ 图 여자
女朋友 nǚpéngyou 图 여자친구
男的朋友 nán de péngyou
　　　　　　　　图 남성 친구
女的朋友 nǚ de péngyou
　　　　　　　　图 여성 친구

4

Ⓐ Nǐ zuò shénme gōngzuò?
당신은 어떤 일을 하세요?

니 쭈어 션머   꽁쭈어
你做什么工作?

Ⓑ Wǒ zài yínháng gōngzuò.
저는 은행에서 일해요.

워 짜이 인항   꽁쭈어
我在银行工作。

직업 묻기

일반적으로 '你做什么工作? Nǐ zuò shénme gōngzuò?'나 '你是做什么(工作)的? Nǐ shì zuò shénme (gōngzuò) de?'라고 표현합니다.

대답은 '어디에서 일한다'라고 할 수도 있지만 '我是~ wǒ shì~'를 사용해 직업 자체를 말하기도 하고, 하는 일에 '~的 ~de'를 붙여 '~을 하는 사람'이라고 소개하기도 합니다.

- **我是银行职员。**   나는 은행원입니다.
  Wǒ shì yínháng zhíyuán.
- **我是记者。**   나는 기자입니다.
  Wǒ shì jìzhě.
- **我是教书的。**   나는 선생님(학생을 가르치는 사람)입니다.
  Wǒ shì jiāo shū de.

在의 쓰임

'在 zài'는 '~에서'라는 전치사로 장소를 나타내는 명사와 함께 동사 앞에 쓰여, 부사어 역할을 합니다. 즉 '在+장소 명사+동사'의 형태입니다.

- **我在银行工作。**   나는 은행에서 일합니다.
  Wǒ zài yínháng gōngzuò.

직업을 묻는 표현 🖊

- 근무하는 장소를 위주로 물을 때

📢 你在哪儿工作?
Nǐ zài nǎr gōngzuò?
어디에서 근무합니까?

- 직업을 위주로 물을 때

📢 你做什么工作?
Nǐ zuò shénme gōngzuò?
어떤 일을 하세요?(직업이 무엇입니까?)

- 직업과 관련된 행위를 통해 물을 때

📢 你是做什么的?
Nǐ shì zuò shénme de?
어떤 일을 하시는지요?

Shēngcí
生词 새단어 🗒

做 zuò [통] 하다, 종사하다
工作 gōngzuò [명] 직업, 일 / [통] 일하다
在 zài [전] ~에(서) / [통] ~에 있다
银行 yínháng [명] 은행
职员 zhíyuán [명] 직원, 사무원
记者 jìzhě [명] 기자
教 jiāo [통] 가르치다
教书 jiāoshū [통] 학생을 가르치다
哪儿 nǎr [대] 어디, 어느 곳

Zhè shì shéi?

쩌 스 셰이
这是谁?

Zhè shì wǒ péngyou, jiào Eric.

쩌 스 워 펑여우 찌아오에릭
这是我朋友, 叫Eric。

Eric! Nǐ shì nǎ guó rén?

에릭 니 스 나 궈 런
Eric! 你是哪国人?

Wǒ shì Yīngguórén.

워 스 잉궈런
我是英国人。

Eric shì nǐ nánpéngyou ma?

에릭 스 니 난펑여우 마
Eric是你男朋友吗?

Bù, Eric shì wǒ tóngshì.

뿌 에릭 스 워 통스
不, Eric是我同事。

Nǐ yǒu nánpéngyou ma?

니 여우 난펑여우 마
你有男朋友吗?

Méi yǒu.

메이여우
没有。

Nǐ zuò shénme gōngzuò?

니 쭈어 선머 꽁쭈어
你做什么工作?

Wǒ zài yínháng gōngzuò.

워 짜이 인항 꽁쭈어
我在银行工作。

왕밍	이 사람은 누구예요?
나나	제 친구예요, 에릭이라고 해요.
왕밍	에릭! 당신은 어느 나라 사람이에요?
에릭	나는 영국인이에요.
왕밍	에릭이 당신의 남자친구예요?
나나	아니요, 에릭은 회사 동료예요.
왕밍	당신은 남자친구가 있나요?
나나	없어요.
왕밍	당신은 어떤 일을 하세요?
나나	저는 은행에서 일해요.

是…的 구문

'你做什么工作? Nǐ zuò shénme gōngzuò?'와 같은 의미로 '你<u>是</u>做什么工作<u>的</u>? Nǐ shì zuò shén me gōngzuò de?'를 쓰기도 합니다. '是…的' 구문은 판단문으로, '是 shì'와 '的 de' 사이에 쓰인 말을 좀 더 강조하게 됩니다.

例) 这本书是<u>新买的</u>。 이 책은 <u>새로 산</u> 것이다.
Zhè běn shū shì xīn mǎi de.

他是<u>学汉语的</u>。 그는 <u>중국어를 배우는</u> 사람이다.
Tā shì xué Hànyǔ de.

天是<u>蓝</u>的。 하늘이 <u>파랗다</u>.
Tiān shì lán de.

Shēngcí
生词 새단어

英国 Yīngguó 몡 영국	学 xué 동 배우다	天 tiān 몡 하늘	蓝 lán 혱 남색의, 파랗다

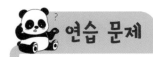
1 단어를 듣고 성조를 표기해 보세요. 🎧 MP3 03-07

❶ tongshi

❷ pengyou

❸ mei you

❹ gongzuo

2 그림을 보고 대화해 보세요.

Ⓐ 你做什么工作?

Nǐ zuò shénme gōngzuò?

Ⓑ _____ 。

_____ .

Ⓐ 你是哪国人?

Nǐ shì nǎ guó rén?

Ⓑ _____ 。

_____ .

3 주어진 단어를 이용하여 문장을 완성해 보세요.

❶ 나는 한국 사람이 아닙니다.

(Hánguó, shì, wǒ, rén, bú / 韩国, 是, 我, 人, 不)

_____

❷ 그는 여자친구가 없습니다.

(méi, tā, péngyou, yǒu, nǚ / 没, 他, 朋友, 有, 女)

_____

직업

요리사

추스
厨师
chúshī

회사원

공쓰 즈위엔
公司职员
gōngsī zhíyuán

간호사

후스
护士
hùshi

가수

꺼서우
歌手
gēshǒu

교사

라오스
老师
lǎoshī

운동선수

윈동위엔
运动员
yùndòngyuán

경찰

징차
警察
jǐngchá

운전기사

쓰지
司机
sījī

화가

화지아
画家
huàjiā

● 전치사로 쓰이는 경우는 '～에', '～에서'라는 뜻이며, 주로 '在+장소+동사'의 형태로 부사어 역할을 합니다.

我在大学学过汉语。　　나는 대학에서 중국어를 공부한 적이 있습니다.
Wǒ zài dàxué xuéguo Hànyǔ.

我在学校工作。　　나는 학교에서 일합니다.
Wǒ zài xuéxiào gōngzuò.

我在餐厅吃饭。　　나는 식당에서 밥을 먹습니다.
Wǒ zài cāntīng chī fàn.

● 동사로 쓰이는 경우는 사람이나 사물의 존재, 위치를 나타내며 '～에 있다'라는 뜻입니다.

주로 '在+장소'의 형태로 쓰입니다.

李先生在哪儿?　　이 선생님은 어디에 계십니까?
Lǐ xiānsheng zài nǎr?

上午我在家。　　오전에 나는 집에 있습니다.
Shàngwǔ wǒ zài jiā.

我在房间里。　　나는 방 안에 있습니다.
Wǒ zài fángjiān li.

동사로 쓰일 경우, 부정은 '在' 앞에 '不'를 써주면 됩니다.

上午我不在家。　　오전에 나는 집에 없습니다(있지 않습니다).
Shàngwǔ wǒ bú zài jiā.

我不在房间里。　　나는 방 안에 있지 않습니다.
Wǒ bú zài fángjiān li.

● 부사 '지금 ～하고 있다'는 '正在…呢'에서 '正'의 생략형으로 '在'가 쓰입니다.

你(正)在干什么呢?　　지금 뭐 하고 있어요?
Nǐ (zhèng) zài gàn shénme ne?

我(正)在洗脸(呢)。　　나는 지금 세수하고 있어요.
Wǒ (zhèng) zài xǐ liǎn (ne).

또한 동사로 쓰이는 '在'는 존재를 나타내는 '有', '是'와 혼동이 될 때도 있습니다.
이것들은 문장의 어순에 따라 차이가 있습니다.

사람/사물+在+장소	**我 在 房间里。** 나는 방 안에 있습니다.
	Wǒ zài fángjiān li.

장소+有+사람/사물	**房间里 有 人。** 방 안에 사람이 있습니다.
	Fángjiān li yǒu rén.

장소+是+사람/사물	**学校旁边 是 书店。** 학교 옆은 서점입니다. (학교 옆에 있는 것은 서점입니다.)
	Xuéxiào pángbiān shì shūdiàn.

'是'를 쓸 때는 어떤 곳에 이미 사람이나 사물이 존재함을 알고, 그것을 설명할 때 씁니다.

북경의 볼거리

★ **고궁 박물관(**故宫博物馆**)** 천안문 광장의 북쪽에 위치하고 있으며, 자금성(紫禁城)이란 이름으로 더 잘 알려져 있다. 이곳은 명, 청대의 황궁으로 총 24명의 황제가 이곳에 살면서 500년 동안 중국을 통치하였다. 고궁의 총 면적은 72만㎡에 달하며, 방의 수가 8,707칸에 달한다고 한다. 건물의 벽과 기둥이 대부분 붉은 색으로 칠해져 있고, 지붕을 황금색 유리기와로 얹어 화려하고 장엄하기가 이루 말할 수 없다.

★ **천안문 광장(**天安门广场**)** 베이징의 가운데에 위치해 있다. 남북으로 880m, 동서 폭이 500m, 총 면적이 44만㎡에 달한다. 광장의 북쪽에 높이 33.4m의 천안문이 세워져 있다. 광장의 양 측면에는 국가 기관들이 자리잡고 있으며, 여러 차례 보수, 확장 공사를 거쳐 세계 최대 규모의 광장이 되었다.

★ **만리장성(**万里长城**)** 창청(长城)은 기원전 5~7세기 춘추전국시대 각 지방의 제후들이 북방의 흉노족을 막기 위해 쌓았던 성벽을 진시황 때 하나의 길다란 성벽으로 다시 연결하여 만든 것이다. 성벽은 대개 산줄기를 따라 지어졌는데, 구불구불 끝없이 뻗어나간 모습이 마치 꿈틀거리는 용과 같다고도 한다. 베이징에서 가까운 창청 관광지로는 빠다링(八达岭), 무티엔위(慕田峪), 쓰마타이(司马台) 등이 있다.

★ **798 예술거리(**798艺术区**)** 베이징의 북쪽 따샨쯔(大山子)에 위치하고 있다. '베이징의 예술 거리'라고도 불리며, 1950년대 구소련의 원조와 동독의 설계로 건설된 대규모 군수 공장에서 유래하여 이곳의 옛 번지수를 그대로 사용한 '798'이란 이름이 붙었다. 지금은 세계 각국에서 모여든 200여 개의 갤러리와 창작 공간, 사진 스튜디오, 카페 등이 어우러진 중국 최대의 종합 문화 예술 공간이다.

★ **이화원(**颐和园**)** 서북쪽의 황실 정원이다.
(161쪽_중국의 4대 정원 참고)

04 가족 묻기

몇 살이에요?

❓ 학습 목표

가족 구성원과 나이, 띠 등을 묻고 답할 수 있습니다.

❗ 학습 포인트

1. Wǒ yǒu yí ge mèimei.
2. Nǐ jiā yǒu jǐ kǒu rén?
3. Nǐ jīnnián duō dà?
4. Nǐ shǔ shénme?

➕ 학습 Plus 자료

- **테마별 단어 카드** 숫자
- **기초 문법** 양사
- **중국문화 이모저모** 차(茶) 문화

이렇게 공부하세요 ———————————————

동영상 강의 보기

▶

복습용 동영상 보기

기본 표현
한 번에 듣기

응용 회화 듣기

단어 암기하기

🎧 MP3 04-01

1

Ⓐ **Nǐ yǒu méiyǒu mèimei?**
당신은 여동생이 있습니까?

니 여우 메이여우 메이메이
你有没有妹妹?

Ⓑ **Wǒ yǒu yí ge mèimei.**
저는 여동생이 한 명 있습니다.

워 여우 이 거 메이메이
我有一个妹妹。

有자문의 의문문

평서문 끝에 '吗 ma'를 붙이거나 '有没有 yǒu méiyǒu'를 써서 만들 수 있습니다. 또한 이에 대한 부정형 대답은 '没有 méiyǒu'로 '없다', '가지고 있지 않다'의 뜻입니다.

양사

우리말의 '〜개', '〜명', '〜권'처럼 명사를 세는 단위가 있습니다. 중국어에서는 이것을 양사라고 하며 우리말보다 종류가 많습니다.

양사는 '一个妹妹 yí ge mèimei'처럼 '수사+양사+명사'의 순서로 씁니다.

대표적인 양사
个 개
ge

三个人 세 명(사람)
sān ge rén

两个面包 빵 두 개
liǎng ge miànbāo

一个书包 책가방 한 개
yí ge shūbāo

* 사람의 양사는 보통 '个 ge'인데, 식구 수를 말할 때는 '口 kǒu'를 씁니다.

숫자 '一'의 성조 변화

'一 yī'는 단독으로 쓰이거나 연속된 숫자 사이에 있는 경우, 단어 또는 문장 끝에 있거나, 서수나 연도 등에 쓰일 경우에는 제1성으로 발음합니다.
단독, 순서, 단위 숫자 등

예 第一课 dì yī kè 첫 번째 과
一月一号 yī yuè yī hào 1월 1일

뒤에 1성, 2성, 3성이 있을 경우, 제4성으로 발음합니다.
'一'+1성 / 2성 / 3성

예 一天 yì tiān 하루
一年 yì nián 일 년
一本 yì běn 한 권

뒤에 4성이나 경성이 있을 경우, 제2성으로 발음합니다.
'一'+4성 / 경성

예 一位 yí wèi 한 분
一个 yí ge 한 개

Shēngcí
生词 새단어

一 yī 〔수〕 1, 하나
两 liǎng 〔수〕 2, 둘
面包 miànbāo 〔명〕 빵
书包 shūbāo 〔명〕 책가방
口 kǒu 〔양〕 사람, 명
第 dì 〔접〕 (수사 앞에서) 제, 〜번째
课 kè 〔명〕 수업, 과
号 hào 〔명〕 호, 번호, 일(날짜)
天 tiān 〔명〕 날, 하루, 하늘
月 yuè 〔명〕 달, 월
年 nián 〔명〕 연, 해
位 wèi 〔양〕 (경어) 분, 명

②

Ⓐ Nǐ jiā yǒu jǐ kǒu rén?

당신은 가족이 몇 명입니까?

니 지아 여우 지 코우 런
你家有几口人?

Ⓑ Wǒ jiā yǒu sì kǒu rén.

저의 가족은 네 명입니다.

워 지아 여우 쓰 코우 런
我家有四口人。

숫자를 물을 때

'几 jǐ'는 10 이하의 숫자를 물을 때 쓰는 의문사입니다. '몇', '얼마'라는 뜻으로, '几'는 다음에 나오는 명사 사이에 반드시 양사를 써야 합니다.

그리고 앞서 의문사가 있으면 의문문을 만들 때 '吗 ma'를 사용하지 않는다는 거 기억하시죠?

- **你有几个妹妹?** 당신은 몇 명의 여동생이 있습니까?
  Nǐ yǒu jǐ ge mèimei?

가족 수나 구성원에 대해 묻는 표현

- **你家有几口人?** 당신의 가족은 몇 명입니까?
  Nǐ jiā yǒu jǐ kǒu rén?
- **你家有什么人?** 당신의 집에는 어떤 사람들이 있습니까?
  Nǐ jiā yǒu shénme rén?
- **你家有谁?** 당신의 집에는 누가 있습니까?
  Nǐ jiā yǒu shéi?

🔵 사람 관계에서의 的의 생략

'的 de'의 용법에서 '나의 언니', '나의 엄마'를 '我的姐姐 wǒ de jiějie', '我的妈妈 wǒ de māma'라고 할 거 같지만, 나를 기준으로 하는 (가족) 관계를 나타낼 때는 '的'를 생략해서 말합니다.

- **我弟弟** (나의) 남동생
  wǒ dìdi
- **我爸爸** (나의) 아빠
  wǒ bàba
- **我同事** (나의) 동료
  wǒ tóngshì

의문 대명사 多少

'几 jǐ'와 같은 의미로 쓰이는 의문 대명사로 '多少 duōshao'가 있는데, '几 jǐ'가 주로 예상되는 숫자가 10 이하일 때 사용하는 반면, 그 이상일 경우에는 '多少 duōshao'를 씁니다. '多少 duōshao'의 경우는 양사를 생략할 수도 있습니다.

- 예 **你有多少(个)同学?**
  Nǐ yǒu duōshao (ge) tóngxué?
  당신은 몇 명의 학교 친구가 있습니까?

Shēngcí
生词 새단어 📄

家 jiā 몡 집, 가정
四 sì 주 4, 넷
姐姐 jiějie 몡 누나, 언니
妈妈 māma 몡 엄마, 어머니
弟弟 dìdi 몡 남동생
多少 duōshao 때 얼마, 몇

🎧 MP3 04-03

3

A Nǐ jīnnián duō dà?
당신은 올해 몇 살인가요?

니 찐니엔 뚜어 따
你今年多大?

B Wǒ jīnnián sānshí suì.
저는 올해 서른 살입니다.

워 찐니엔 싼스 쒜이
我今年三十岁。

부사 多

'多 duō'가 형용사와 함께 쓰이면 정도가 얼마나 되는지 묻는 의문문이 됩니다. 때로는 '多 duō' 앞에 '有 yǒu'를 붙이기도 하는데, 이는 강조일 뿐, 그 의미는 같습니다.

- **你(有)多高?** 키가 얼마나 커요?
  Nǐ (yǒu) duō gāo?

이때 뒤에 오는 형용사는 '高 gāo(높다), 大 dà(크다), 长 cháng(길다), 远 yuǎn(멀다), 宽 kuān(넓다), 深 shēn(깊다), 厚 hòu(두껍다)' 등이 있습니다.

- **离这儿有多远?** 여기에서 얼마나 멀어요?
  Lí zhèr yǒu duō yuǎn?

나이를 묻는 표현

상대방의 나이에 따라 나이를 묻는 표현이 다릅니다.

어린아이의 나이를 물을 때	**你今年几岁?** Nǐ jīnnián jǐ suì?	너 올해 몇 살이니?
	你几岁了? Nǐ jǐ suì le?	
비슷한 연배의 나이를 물을 때	**你今年多大?** Nǐ jīnnián duō dà?	올해 나이가 어떻게 되세요?
	你多大了? Nǐ duō dà le?	
연장자의 나이를 물을 때	**您多大岁数?** Nín duō dà suìshu?	올해 연세가 어떻게 되십니까?
	您多大年纪? Nín duō dà niánjì?	
	您年纪多大? Nín niánjì duō dà?	

岁의 생략

나이를 대답할 때 10세 이하는 나이 뒤에 '岁 suì'를 쓰고, 그 이상의 나이에서는 '岁'를 생략하기도 합니다.

예 我今年三岁。 저는 올해 세 살입니다.
Wǒ jīnnián sān suì.

我今年三十。 저는 올해 서른입니다.
Wǒ jīnnián sānshí.

Shēngcí
生词 새단어

今年 jīnnián 명 올해

多 duō 부 얼마만큼, 얼마나 / 형 많다

大 dà 형 크다, 넓다, (나이가) 많다

三十 sānshí 수 30, 서른

岁 suì 명 살, 세(나이)

高 gāo 형 높다, (키가) 크다

长 cháng 형 길다

远 yuǎn 형 멀다

宽 kuān 형 넓다

深 shēn 형 깊다

厚 hòu 형 두껍다

离 lí 전 ~에서, ~로부터

这儿 zhèr 대 여기, 이곳

岁数 suìshu 명 연세

年纪 niánjì 명 나이, 연령

4

Ⓐ **Nǐ shǔ shénme?**
니 슈 선머
你属什么?
당신은 무슨 띠입니까?

Ⓑ **Wǒ shǔ shǔ.**
워 슈 슈
我属鼠。
저는 쥐띠입니다.

띠 물어보기

중국도 우리나라와 마찬가지로 십이간지를 사용하고 있습니다. 그래서 나이를 직접 묻기보다 띠를 물어봄으로 좀 더 친근함을 표현할 수 있습니다.

중국의 나이 계산

중국 사람들은 우리나라처럼 태어나자마자 1살이 되는 것이 아니라 태어나서는 0살부터 시작합니다. 그 다음해에 1살이 되는 거죠. 중국 친구들의 나이를 가늠할 때 참고하세요.

◉ 해를 나타내는 표현

| 前年
qiánnián
재작년 | ← | 去年
qùnián
작년 | ← | 今年
jīnnián
올해 | → | 明年
míngnián
내년 | → | 后年
hòunián
내후년 |

연이어 오는 3성의 발음 ✏️

'我属鼠。Wǒ shǔ shǔ.'처럼 3성이 3개가 연달아 오면 앞에 있는 2개 3성은 2성으로 발음하고, 마지막만 3성으로 발음합니다. 이러한 발음 변화는 성조 표기를 별도로 하지 않습니다.

Shēngcí
生词 새단어 📄

属 shǔ 통 ~띠이다, ~에 속하다
鼠 shǔ 명 쥐

属相 shǔxiang 띠(십이지=**生肖** shēngxiào)

🎧 MP3 04-05

	슈 **鼠** 쥐 shǔ		니우 **牛** 소 niú		후 **虎** 호랑이 hǔ
	투 **兔** 토끼 tù		룽 **龙** 용 lóng		셔 **蛇** 뱀 shé
	마 **马** 말 mǎ		양 **羊** 양 yáng		호우 **猴** 원숭이 hóu
	지 **鸡** 닭 jī		꺼우 **狗** 개 gǒu		쭈 **猪** 돼지 zhū

Nǐ jiā yǒu jǐ kǒu rén?

니 지아여우 지 코우 런
你家有几口人？

Wǒ jiā yǒu wǔ kǒu rén.

워 지아여우 우 코우 런
我家有五口人。

Nǐ yǒu méiyǒu mèimei?

니 여우 메이여우 메이메이
你有没有妹妹？

Wǒ yǒu yí ge mèimei.

워 여우 이 거 메이메이
我有一个妹妹。

Tā jīnnián duō dà?

타 찐니엔 뚜어 따
她今年多大？

Tā jīnnián èrshíwǔ suì.

타 찐니엔 얼스우 쒜이
她今年二十五岁。

Tā jiéhūn le ma?

타 지에훈 러 마
她结婚了吗？

Tā hái méi jiéhūn.

타 하이 메이 지에훈
她还没结婚。

왕밍	식구가 몇 명이에요?
나나	우리 집은 식구가 다섯이에요.
왕밍	여동생 있어요?
나나	여동생이 한 명 있어요.
왕밍	그녀는 올해 몇 살이에요?
나나	올해 25살이에요.
왕밍	그녀는 결혼했어요?
나나	아직 결혼하지 않았어요.

부사 还의 쓰임

'还 hái'는 '아직도, 여전히'라는 뜻으로, 상황이 변함없이 계속되고 있음을 나타냅니다.

예 我还没去.　　나는 아직 안 갔어요.
　　Wǒ hái méi qù.

　　他还在学校.　　그는 아직 학교에 있어요.
　　Tā hái zài xuéxiào.

때로는 '또, 더'라는 뜻으로 쓰이기도 합니다.

예 还有什么?　　또 뭐가 있어요?
　　Hái yǒu shénme?

'还'가 '돌려주다, 되갚다'의 뜻으로 쓰일 때는 'huán'이라고 읽습니다.

Shēngcí
生词 새단어

五 wǔ ㈜ 5, 다섯

二十五 èrshíwǔ ㈜ 25, 스물다섯

结婚 jiéhūn ⑧ 결혼하다

了 le ㉿ 동사나 형용사 뒤에서 동작 또는 변화가 완료되었음을 나타냄

还 hái ⑷ 아직, 여전히

没 méi ⑷ ~않다(과거의 경험·행위·사실 등을 부정)

1 단어를 듣고 성조를 표기해 보세요. 🎧 MP3 04-07

① meimei

② ji kou ren

③ jinnian

④ duo da

2 그림을 보고 대화해 보세요.

A 你家有几口人?
Nǐ jiā yǒu jǐ kǒu rén?

A 你属什么?
Nǐ shǔ shénme?

B 我家有_____。
Wǒ jiā yǒu _____ .

B 我属_____。
Wǒ shǔ _____ .

3 주어진 단어를 이용하여 문장을 완성해 보세요.

① 여동생이 있어요?

(mèimei, yǒu, nǐ, méiyǒu / 妹妹, 有, 你, 没有)

_____

② 올해 나이가 어떻게 되세요?

(nǐ, duō dà, jīnnián / 你, 多大, 今年)

_____

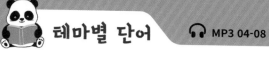

이
一
yī 하나

얼
二
èr 둘

싼
三
sān 셋

쓰
四
sì 넷

우
五
wǔ 다섯

리우
六
liù 여섯

치
七
qī 일곱

빠
八
bā 여덟

지우
九
jiǔ 아홉

스
十
shí 열

중국어에서는 물건의 단위를 세는 단위를 '양사'라 하며, 명사를 세는 명량사와 동작의 횟수를 세는 동량사가 있습니다.

◐ 명량사

~사람, ~개, ~장, ~권, ~마리 등 명사를 세는 단위를 말합니다.
'수사+양사+명사'의 형태로 쓰입니다.

● **个** ge **~개 (가장 많이 쓰임)**

一个人 한 사람
yí ge rén

两个苹果 사과 두 개
liǎng ge píngguǒ

● **本** běn **권**

一本书 책 한 권
yì běn shū

两本杂志 잡지 두 권
liǎng běn zázhì

● **位** wèi **분**

一位老师 선생님 한 분
yí wèi lǎoshī

两位客人 손님 두 분
liǎng wèi kèrén

● **只** zhī **마리**

一只狗 개 한 마리
yì zhī gǒu

两只鸟 새 두 마리
liǎng zhī niǎo

● **张** zhāng **장**

一张纸 종이 한 장
yì zhāng zhǐ

两张票 표 두 장
liǎng zhāng piào

● **件** jiàn **벌**

一件衣服 옷 한 벌
yí jiàn yīfu

两件大衣 외투 두 벌
liǎng jiàn dàyī

● **杯** bēi **잔**

一杯水 물 한 잔
yì bēi shuǐ

两杯咖啡 커피 두 잔
liǎng bēi kāfēi

그 밖에 '家 jiā', '条 tiáo', '匹 pǐ', '口 kǒu' 등이 있습니다. 하나의 명사에 양사가 2~3개 번갈아 쓰이는 경우도 있습니다.

  *3개월은 '三个月 sān ge yuè'라 하지만, 3년은 그냥 '三年 sān nián'입니다. 즉, 연(年)에는 양사를 쓰지 않습니다.

◑ 동량사

~번, ~차례 등 동작의 횟수를 말합니다. '동사+수사+양사'의 형태로 쓰입니다.

◑ **次** cì **번**

我去过三次中国。 나는 중국에 세 번 갔었습니다.
Wǒ qù guò sān cì Zhōngguó.

◑ **遍** biàn **차례**

这本小说我看了两遍。 이 소설을 나는 두 차례 보았습니다.
Zhè běn xiǎoshuō wǒ kàn le liǎng biàn.

  *수사 '2'는 양사 앞에서는 반드시 '两'을 씁니다.

차(茶) 문화

차는 중국인의 생활 속에서 항상 빠지지 않고 등장하는 화두 중 하나이다. 일찍이 4,000여 년 전의 신농 시기(神農时期) 때부터 사람들은 차와 그 약용(药用) 가치를 발견하였다. 그때의 차는 야생 식물로 그 잎을 먹고 해독하는 의약의 용도로만 사용하였다.

인류 생활의 진화에 따라 3,000여 년 전의 주나라 때에 와서 차는 야생 채취에서 인공 재배를 하는 단계로 발전하였으며, 사람들이 찻잎을 삶고 달여서 마시는 풍습이 생겨나기 시작했다. 당나라 이후 차를 끓이고(烹茶) 차를 마시는 방법들은 날이 갈수록 다양해지고 체계화되었으며, 귀족 사회의 취미 활동이 되었다.

중국은 인구가 많고 땅이 넓어 각 지역마다 차에 관한 풍습도 각기 다르다. 중국인 중에 비만인 사람이 드문 것은 바로 차를 많이 마시기 때문이라고도 한다. 차에는 지방을 제거해 주는 성분이 함유되어 있어 음식을 먹은 후 차를 마시면 매우 개운하다. 차는 예로부터 갈증을 해소하고 몸의 호르몬 분비를 촉진시켜 숙취를 제거해주며 정신을 맑게 해주는 기능이 있는 것으로 전해져

왔다. 차를 마시지 않던 사람이 차를 마시면 잠이 잘 오지 않으며, 그래서 또 어떤 사람들은 일부러 잠을 깨우기 위해 차를 마시기도 한다.

중국에는 절반 이상의 성(省), 시(市)에서 차를 생산한다. 차의 생산 지역과 제조 방법이 다름에 따라 그 종류가 다양하다. 중국 명차는 여행자들이 좋아하는 음료수일 뿐만 아니라 가까운 사람에게 줄 수 있는 좋은 선물이기도 하다. 중국차는 크게 여섯 가지 종류로 나누어 볼 수 있다. 즉 녹차(绿茶), 홍차(红茶), 우롱차(乌龙茶), 화차(花茶), 백차(白茶)와 긴압차(紧压茶)가 있다.

★ **녹차** 용정차(龙井茶), 벽라춘(碧螺春), 황산모봉(黄山茅风) 등
★ **홍차** 철관음(铁观音), 운남성보이차(云南省普洱茶) 등
★ **화차** 재스민차(茉莉花茶), 국화차(菊花茶) 등

05

시간, 날짜, 요일 묻기

지금 몇 시예요?

❓ 학습 목표

시간, 날짜, 요일 및 그것들을 활용한 대화를 할 수 있습니다.

❗ 학습 포인트

① Xiànzài jǐ diǎn?
② Nǐ jǐ diǎn shàngbān?
③ Jīntiān jǐ yuè jǐ hào?
④ Jīntiān xīngqīsì.

➕ 학습 Plus 자료

· **테마별 단어 카드** 나의 하루
· **기초 문법** 헷갈리는 수 읽기
· **중국문화 이모저모** 중국의 10대 명차

이렇게 공부하세요

➊

➋

동영상 강의 보기   ▶   복습용 동영상 보기

기본 표현
한 번에 듣기   응용 회화 듣기   단어 암기하기

🎧 MP3 05-01

1

Ⓐ Xiànzài jǐ diǎn?
지금 몇 시인가요?

시엔짜이 지 디엔
现在几点?

Ⓑ Xiànzài liù diǎn bàn.
지금은 6시 반입니다.

시엔짜이 리우 디엔 빤
现在六点半。

▌시간을 나타내는 표현

'点 diǎn'은 '시간', '~시'를 나타냅니다. 시간을 나타내는 다른 말은 '点钟 diǎnzhōng'이 있으며, 단위 시간을 나타내는 것으로는 '小时 xiǎoshí', '钟头 zhōngtóu'가 있습니다.

- **半个钟头** 반 시간
  bàn ge zhōngtóu
- **八(个)小时** 8시간
  bā (ge) xiǎoshí
- **一个半钟头** 한 시간 반
  yí ge bàn zhōngtóu

이때 '钟头' 앞에는 '个 ge'를 꼭 써야 하지만 '小时' 앞에서는 '个'를 생략해도 됩니다.

또한 명사로 '틈', '여가' 등이 있다, 없다를 말할 때 쓰는 표현 '시간'은 '空 kòng'과 '时间 shíjiān'을 씁니다.

- **我没有空儿。** 나는 시간이 없어요.
  Wǒ méi yǒu kònger.
- **我没有时间。** 나는 시간이 없어요.
  Wǒ méi yǒu shíjiān.

시간을 나타내는 단위 ✏️

点 diǎn	시	
分 fēn	분	
秒 miǎo	초	
一刻 yí kè	15분	
半 bàn	30분	
三刻 sān kè	45분	

2시의 표현 ✏️

2시는 '二点 èr diǎn'이 아니라, '两点 liǎng diǎn'이라고 합니다.

中午
zhōngwǔ
정오
▼

早上	上午	下午
zǎoshang	shàngwǔ	xiàwǔ
아침	오전	오후
6　　　9	12	15　　　18

晚上		夜里	凌晨
wǎnshang		yèli	língchén
저녁		한밤중	새벽
18　　21		24	3　　6

Shēngcí 生词 새단어 📄

现在 xiànzài 몡 지금, 현재
点 diǎn 양 시(時)
六 liù 주 6, 여섯
半 bàn 주 절반, 2분의 1
钟 zhōng 몡 시각, 정각
小时 xiǎoshí 몡 시간(시간 단위)
钟头 zhōngtóu 몡 시간(회화체)
八 bā 주 8, 여덟
空 kòng 몡 공간, 틈, 짬
时间 shíjiān 몡 시간
空儿 kònger 몡 시간, 짬, 여유
二 èr 주 2, 둘

2

A ## Nǐ jǐ diǎn shàngbān?
당신은 몇 시에 출근하나요?

니 지 디엔 샹빤
你几点上班?

B ## Wǒ bā diǎn yí kè shàngbān.
저는 8시 15분에 출근합니다.

워 빠 디엔 이 커 샹빤
我八点一刻上班。

출퇴근과 등하교 표현

'上班 shàngbān'은 '출근하다'라는 뜻이고, 반대말은 '下班 xiàbān'입니다. 이와 같은 형태로, '등교하다 上学 shàngxué'와 '하교하다 下学 xiàxué'도 있습니다.

'你几点上班? Nǐ jǐ diǎn shàngbān?'은 '你什么时候上班? Nǐ shénmeshíhòu shàngbān?'이라고 해도 같은 의미입니다.

刻의 쓰임

'一刻 yí kè'는 15분을 말하며, 30분은 '两刻 liǎng kè'보다는 주로 '半 bàn' 이라고 하고, 45분은 '三刻 sān kè'라고 합니다.

상황어의 위치

시간을 나타내는 말이 종종 상황어(주어나 형용사 앞에서 수식하는 말)가 되기도 하는데, 주어와 술어 사이에 쓸 수도 있고, 주어 앞에 쓸 수도 있습니다.

- 나는 <u>아침 8시에</u> 수업이 있습니다.
我<u>早上八点</u> 有课。
Wǒ zǎoshang bā diǎn yǒu kè.

<u>早上八点</u> 我有课。
Zǎoshang bā diǎn wǒ yǒu kè.

- 나는 <u>오후 6시에</u> 집에 갑니다.
我<u>下午六点</u> 回家。
Wǒ xiàwǔ liù diǎn huí jiā.

<u>下午六点</u> 我回家。
Xiàwǔ liù diǎn wǒ huí jiā.

시간 표현 🖉

一点 yī diǎn　1시
两点 liǎng diǎn　2시
三点 sān diǎn　3시
四点 sì diǎn　4시
五点 wǔ diǎn　5시
六点 liù diǎn　6시
七点 qī diǎn　7시
八点 bā diǎn　8시
九点 jiǔ diǎn　9시
十点 shí diǎn　10시
十一点 shí yī diǎn　11시
十二点 shí èr diǎn　12시

시간을 물을 때, 답변이 가장 커야 12시 이므로, 일반적으로 의문 대명사는 '多少 duōshao'를 쓰지 않고, '几 jǐ'를 씁니다.

Shēngcí
生词 새단어 📄

上班 shàngbān 통 출근하다
刻 kè 양 15분
下班 xiàbān 통 퇴근하다
上学 shàngxué 통 등교하다, 진학하다
下学 xiàxué 통 학교가 파하다
什么时候 shénmeshíhòu 대 언제
课 kè 명 수업, 과
下午 xiàwǔ 명 오후
回家 huíjiā 통 집으로 돌아가다, 귀가하다

🎧 MP3 05-03

3

Ⓐ **Jīntiān jǐ yuè jǐ hào?**
오늘이 몇 월 며칠인가요?

찐티엔 지 위에 지 하오
今天几月几号?

Ⓑ **Jīntiān liù yuè jiǔ hào.**
오늘은 6월 9일입니다.

찐티엔 리우 위에 지우 하오
今天六月九号。

날짜를 말할 때 명사 술어문

명사나 명사구, 수량사 등이 직접 술어가 되는 문장을 '명사 술어문'이라고
합니다. 짧게 핵심만 얘기할 수 있어 회화에서 많이 사용하며, '是 shì'를 생
략해서 말합니다.

날짜를 말하는 표현

날짜를 말하는 '1~31일'까지는 숫자 다음에 '号 hào'를 붙여줍니다. 서면어
에는 '日 rì'를 씁니다.

- **一号** 1일
  yī hào
- **二号** 2일
  èr hào
- **三号** 3일
  sān hào
- **十一号** 11일
  shíyī hào
- **二十号** 20일
  èrshí hào
- **三十一号** 31일
  sānshíyī hào

월 표현

一月 yī yuè 1월	二月 èr yuè 2월	三月 sān yuè 3월	四月 sì yuè 4월	五月 wǔ yuè 5월	六月 liù yuè 6월
七月 qī yuè 7월	八月 bā yuè 8월	九月 jiǔ yuè 9월	十月 shí yuè 10월	十一月 shíyī yuè 11월	十二月 shí'èr yuè 12월

날을 나타내는 말

前天
qiántiān
그저께

昨天
zuótiān
어제

今天
jīntiān
오늘

明天
míngtiān
내일

后天
hòutiān
모레

중국의 기념일 ✏

劳动节 노동절(5.1)
Láodòngjié

儿童节 어린이날(6.1)
Értóngjié

母亲节 어머니날(5월 둘째주 일요일)
Mǔqīnjié

父亲节 아버지날(6월 셋째주 일요일)
Fùqīnjié

教师节 스승의날(9.10)
Jiàoshījié

成年节 성년의날(5.19)
Chéngniánjié

情人节 밸런타이데이(2.14)
Qíngrénjié

愚人节 만우절(4.1)
Yúrénjié

光棍节 솔로데이, 독신절(11.11)
Guānggùnjié

Shēngcí
生词 새단어 📄

今天 jīntiān 몡 오늘
日 rì 몡 하루, 일, 태양
十一 shíyī 쉬 11, 열하나
二十 èrshí 쉬 20, 스물
三十一 sānshíyī 쉬 31, 서른하나

82

4

Ⓐ Jīntiān xīngqī jǐ?

오늘은 무슨 요일인가요?

찐티엔 씽치 지
今天星期几?

Ⓑ Jīntiān xīngqīsì.

오늘은 목요일입니다.

찐티엔 씽치 쓰
今天星期四。

요일을 말할 때 명사 술어문

'今天星期四。 Jīntiān xīngqīsì.'는 '是 shì'를 생략한 '명사 술어문'입니다.

주로 본적, 나이, 날짜, 절기, 직업, 기념일, 금액 등을 표현하는 문장이 많습니다.

명사 술어문의 부정형은 명사 술어 앞에 '不是 bú shì'를 써서 '今天不是 星期四。 Jīntiān bú shì xīngqīsì.'라고 해야 합니다.

주를 나타내는 星期, 礼拜, 周

주, 요일을 말할 때 '星期 xīngqī' 대신 '礼拜 lǐbài' 나 '周 zhōu' 를 쓰기도 합니다. 의미상 큰 차이는 없으며 '礼拜'는 발음이 쉬워서 회화에서 많이 쓰고, '周'는 쓰기가 쉬워서 문어체로 많이 사용합니다.

요일 표현

星期一 xīngqīyī 월요일	星期二 xīngqī'èr 화요일	星期三 xīngqīsān 수요일	星期四 xīngqīs 목요일
星期五 xīngqīwǔ 금요일	星期六 xīngqīliù 토요일	星期天(星期日) xīngqītiān (xīngqīrì) 일요일	星期天(星期日) xīngqītiān (xīngqīrì) 일요일

주를 나타내는 말

上(个)星期
shàng (ge) xīngqī
지난주

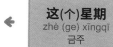

这(个)星期
zhè (ge) xīngqī
금주

下(个)星期
xià (ge) xīngqī
다음주

Shēngcí
生词 새단어

星期 xīngqī 뎽주, 요일
礼拜 lǐbài 뎽주, 요일
周 zhōu 뎽주, 요일

Xiànzài jǐ diǎn?

시엔짜이 **지** 디엔
现在几点?

Xiànzài liù diǎn bàn.

시엔짜이 **리우** 디엔 **빤**
现在六点半。

Nǐ jǐ diǎn shàngbān?

니 **지** 디엔 샹빤
你几点上班?

Wǒ bā diǎn yí kè shàngbān,

워 **빠** 디엔 이 **커** 샹빤
我八点一刻上班,

liù diǎn bàn xiàbān.

리우 디엔 **빤** 시아빤
六点半下班。

Jīntiān jǐ yuè jǐ hào?

찐티엔 **지** 위에 **지** 하오
今天几月几号?

Jīntiān liù yuè jiǔ hào.

찐티엔 리우 위에 지우 하오
今天六月九号。

Nàme, jīntiān xīngqī jǐ?

나머   찐티엔 씽치 **지**
那么，今天星期几?

Jīntiān xīngqīsì.

찐티엔 씽치 **쓰**
今天星期四。

나나	지금 몇 시예요?
왕밍	지금 6시 반이에요.
나나	몇 시에 회사에 출근하나요?
왕밍	저는 8시 15분에 출근을 하고, 6시 30분에 퇴근을 해요.
나나	오늘이 몇 월 며칠이지요?
왕밍	오늘은 6월 9일이에요.
나나	그러면, 오늘이 무슨 요일이에요?
왕밍	오늘은 목요일이에요.

시간에 대한 같은 표현

5시(정각)	五点(整) wǔ diǎn (zhěng)	
5시 5분	五点五分 wǔ diǎn wǔ fēn	五点零五分 wǔ diǎn líng wǔ fēn
5시 15분	五点十五分 wǔ diǎn shíwǔ fēn	五点一刻 wǔ diǎn yí kè
5시 30분	五点三十分 wǔ diǎn sānshí fēn	五点半 wǔ diǎn bàn
5시 45분	五点四十五分 wǔ diǎn sìshíwǔ fēn	五点三刻 wǔ diǎn sān kè
5시 55분	五点五十五分 wǔ diǎn wǔshíwǔ fēn	差五分六点 chà wǔ fēn liù diǎn

'零 líng'은 특별한 의미 없이 5 이내의 숫자 앞에 즐겨 씁니다.
'差 chà'는 시간을 나타낼 때 '～분 전'이라는 의미로 쓰이며, 단독으로는 '부족하다', '모자라다'의 뜻으로 씁니다.

Shēngcí
生词 새단어

整 zhěng ⑧ 정수의, 온전하다   零 líng ④ 0, 제로   差 chà ⑧ 부족하다, 모자라다

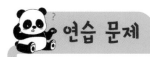
연습 문제

1 단어를 듣고 성조를 표기해 보세요. 🎧 MP3 05-06

① xianzai   ② ji dian

③ shangban   ④ xingqi

2 그림을 보고 대화해 보세요.

Ⓐ 你几点上班?

Nǐ jǐ diǎn shàngbān?

Ⓑ ＿＿＿＿＿＿＿＿＿＿＿。

＿＿＿＿＿＿＿＿ .

Ⓐ 今天几月几号?

Jīntiān jǐ yuè jǐ hào?

Ⓑ ＿＿＿＿＿＿＿＿＿＿＿。

＿＿＿＿＿＿＿＿ .

3 주어진 단어를 이용하여 문장을 완성해 보세요.

① 나는 8시 15분에 출근합니다.

(yí kè, diǎn, bā, wǒ, shàngbān / 一刻, 点, 八, 我, 上班)

＿＿＿＿＿＿＿＿＿＿＿＿＿＿＿＿＿＿＿＿＿＿＿＿＿＿＿

② 오늘은 몇 월 며칠입니까?

(hào, jǐ, jǐ, jīntiān, yuè / 号, 几, 几, 今天, 月)

＿＿＿＿＿＿＿＿＿＿＿＿＿＿＿＿＿＿＿＿＿＿＿＿＿＿＿

일어나다

치촹
起床
qǐchuáng

세수하다

씨리엔
洗脸
xǐliǎn

밥먹다

츠판
吃饭
chī fàn

양치질하다

슈아야
刷牙
shuāyá

출근하다

샹빤
上班
shàngbān

퇴근하다

시아빤
下班
xiàbān

운동하다

뚜안리엔 션티
锻炼身体
duànliàn shēntǐ

인터넷하다

샹왕
上网
shàngwǎng

잠자다

슈웨이지아오
睡觉
shuìjiào

12	十二 shí'èr	20	二十 èr shí
100	一百 yì bǎi	101	一百零一 yì bǎi líng yī
102	一百零二 yì bǎi líng èr	110	一百一(十) yì bǎi yī (shí)
111	一百一十一 yì bǎi yì shí yī	120	一百二(十) yì bǎi èr (shí)
200	二百 / 两百 èr bǎi / liǎng bǎi	202	二百零二 èr bǎi líng èr
222	二百二十二 èr bǎi èr shí èr	300	三百 sān bǎi
999	九百九十九 jiǔ bǎi jiǔ shí jiǔ		
1000	一千 yì qiān	1001	一千零一 yì qiān líng yī
1010	一千零一十 yì qiān líng yì shí	1100	一千一(百) yì qiān yī (bǎi)
1112	一千一百一十二 yì qiān yì bǎi yì shí èr	1202	一千二百零二 yì qiān èr bǎi líng èr
2000	两千 liǎng qiān	2200	两千二(百) liǎng qiān èr (bǎi)
2222	两千二百二十二 liǎng qiān èr bǎi èr shí èr		
10000	一万 yí wàn	10100	一万零一百 yí wàn líng yì bǎi
20000	两万 liǎng wàn		

- '百'과 '千'은 '一'를 앞에 붙입니다. '十'도 앞에 자릿수가 있는 경우에는 '一'를 붙입니다.
  그래서 '1112'는 '一千一百一十二'이라고 읽습니다.

- 101, 1001과 같이 중간의 숫자가 '0'인 경우는 '零'을 넣어 읽습니다.
  그러나 '0'이 몇 개가 연속되더라도 한 번만 읽습니다.

- 110, 1100과 같이 끝자릿수가 '0'인 경우에는 마지막 단위 '十', '百' 등은 생략할 수 있습니다.

- '十' 앞에서는 '二'만 쓰고, 일반적으로 '百, 千, 万, 亿'이 수 중간에 올 때는 '二'을, 첫머리에 올 때는 '两'을 씁니다.
  단 '百'은 첫머리에 올 때 '二'을 쓸 수도 있습니다.

중국의 10대 명차

★ **서호용정**(西湖龙井)　중국 제일의 명차이며 절강성 항주시 서호(西湖)의 사봉(狮峰), 용정(龙井), 오운산(五云山), 호포(虎跑) 등지의 것이 유명하다.

★ **동정벽라춘**(洞庭碧螺春)　강소성 오현(吴县) 태호(太湖)의 동정산(洞庭山)에서 생산된다.

★ **백호은침**(白毫银针)　차 중에서 '미녀(美女)', '차왕(茶王)'이란 아름다운 칭호로 불린다. 일종의 백차(白茶)로서 복건(福建) 동부의 복현(福悬)과 북부의 정화(政和) 등지에서 생산된다.

★ **군산은침**(君山银针)　악양(岳阳) 동정호(洞庭湖)의 청라도(青螺岛)에서 생산된다.

★ **황산모봉**(黄山毛峰)　안휘(安徽) 황산(黄山)의 여러 곳에서 생산된다.

★ **육안과편**(六安瓜片)　중국의 유명한 녹차로서 안휘(安徽) 서대별산차 지역(西大别山茶区)에서 생산되며 곡우를 전후로 하여 딴 차를 명편(名片)이라 하여 최상으로 친다.

★ **안계철관음**(安溪铁观音)　복건(福建) 안계(安溪)에서 생산된다.

★ **신양모첨**(信阳毛尖)　하남(河南) 신양차운산(信阳车云山), 집운산(集云山), 천운산(天云山), 운무산(云雾山), 진뢰산(震雷山), 흑용담(黑龙潭)과 백용담(白龙潭) 등 여러 산봉우리[峰顶]에서 생산된다.

★ **노산운무**(庐山云雾)　녹차 중의 상등품으로 강서노산(江西庐山)에서 생산된다.

★ **무이암차**(武夷岩茶)　복건 무이산에서 생산된다. 무이암차는 반 발효차에 속하며 제조 방법은 녹차와 홍차 중간 정도이다.

06

동작 묻기

어디 가세요?

❓ 학습 목표

동작과 관련된 동사의 쓰임을 익히고,
익숙하게 회화에 활용할 수 있습니다.

❗ 학습 포인트

① 你去哪儿?
② 你在做什么?
③ 你喜不喜欢学汉语?
④ 你住在哪儿?

➕ 학습 Plus 자료

- 테마별 단어 카드 인체의 명칭
- 기초 문법 의문문 만들기
- 중국문화 이모저모 중국의 전통 명절

이렇게 공부하세요 ─────

동영상 강의 보기   ▶   복습용 동영상 보기

기본 표현
한 번에 듣기   응용 회화 듣기   단어 암기하기

기본 표현

1

니 취 날
Ⓐ 你去哪儿?
Nǐ qù nǎr?

어디 가세요?

워 취 투슈관
Ⓑ 我去图书馆。
Wǒ qù túshūguǎn.

도서관에 갑니다.

동사 술어문

'동사 술어문'에서 목적어는 동사 뒤에 옵니다. 부정문은 동사 앞에 '不 bù'
가 오며, 의문문은 문장 끝에 '吗 ma'를 붙이거나 '동사+不+동사'의 긍정
부정형으로도 만들 수 있습니다.

[긍정문] **我去图书馆。** 나는 도서관에 갑니다.
　　　　Wǒ qù túshūguǎn.

[부정문] **我不去图书馆。** 나는 도서관에 가지 않습니다.
　　　　Wǒ bú qù túshūguǎn.

[의문문] **你去图书馆吗?** 당신은 도서관에 갑니까?
　　　　Nǐ qù túshūguǎn ma?

[긍정 부정형 의문문] **你去不去图书馆?** 당신은 도서관에 갑니까?
　　　　　　　　　　Nǐ qù buqù túshūguǎn?

연동문

여기서 문장을 좀 더 확장하여 '~하러 ~에 간다'는 어떻게 표현할까요?
이와 같이 동사 2개가 연달아 나오는 문장을 '연동문'이라 합니다. 이때 두
번째 동사가 첫 번째 동사의 목적을 나타냅니다.

• **我去图书馆读书。** 나는 공부하러 도서관에 갑니다.
　Wǒ qù túshūguǎn dú shū.

'연동문'은 이 외에 ❶두 동작이 연속적으로 이뤄지는 경우와 ❷첫 번째 동
사가 두 번째 동사의 '수단', '방식'을 나타내는 등 다양한 형태가 있습니다.

• **我回家吃饭。** 나는 집에 돌아가서 식사를 합니다.
　Wǒ huí jiā chī fàn.

• **他用韩国语说话。** 그는 한국어로(한국어를 사용해서) 이야기합니다.
　Tā yòng Hánguóyǔ shuō huà.

• **我们坐着谈话。** 우리들은 앉아서 이야기(대화)합니다.
　Wǒmen zuò zhe tán huà.

의문대명사 哪儿

'哪儿 nǎr'은 장소를 물을 때 사용되며,
'어디', '어느 곳'이라는 뜻입니다.

예 你在哪儿? 당신은 어디에 있어요?
　　 Nǐ zài nǎr?

Shēngcí
生词 새단어

图书馆 túshūguǎn 명 도서관
读 dú 통 읽다, 공부하다
吃 chī 통 먹다
饭 fàn 명 밥, 식사
用 yòng 통 쓰다, 사용하다
韩国语 Hánguóyǔ 명 한국어
说 shuō 통 말하다, 설명하다
话 huà 명 말, 언어
说话 shuōhuà 통 말하다, 이야기하다
坐 zuò 통 앉다, (교통 도구를) 타다
着 zhe 조 ~하고 있다, ~한 채로
　　(동사나 형용사 뒤에 쓰여 상태의 지속을 나타냄)
谈 tán 통 말하다, 토론하다

2

A 니 짜이 쭈어 션머
你在做什么?
Nǐ zài zuò shénme?

뭐 하고 있어요?

B 워 짜이 쉬예 한위
我在学汉语。
Wǒ zài xué Hànyǔ.

중국어를 공부하고 있어요.

在…什么의 쓰임

'你在做什么? Nǐ zài zuò shénme?'는 '你在干什么呢? Nǐ zài gàn shénme ne?'와 같은 뜻입니다. 이때 '在 zài'는 '正在 zhèngzài'의 의미로 '~하고 있는 중이다'라는 진행형을 나타냅니다.

● **我在听音乐。** 음악을 듣고 있어요
　Wǒ zài tīng yīnyuè.

좀 더 확장해서 '你在哪儿做什么? Nǐ zài nǎr zuò shénme? 당신은 어디에서 무엇을 하십니까?'로 물어볼 수도 있겠지요? 이때 '在'는 '~에서'라는 뜻의 전치사로, '在+장소+동사'의 형태로 쓰입니다.

● **她在家听音乐。** 그녀는 집에서 음악을 듣고 있어요
　Tā zài jiā tīng yīnyuè.

做와 作의 비교

'做 zuò'와 '作 zuò'는 둘 다 발음도 같고 뜻도 '제작하다, 만들다, 일하다, 종사하다' 등으로 같습니다. 하지만 쓰임이 조금 다릅니다.

● **做**
비교적 구체적인 단어와 함께 씁니다.
做事 zuò shì 일을 하다
做作业 zuò zuòyè 숙제하다
做生意 zuò shēngyi 장사하다

● **作**
비교적 추상적인 단어와 함께 씁니다.
写作 xiě zuò 글을 짓다
作曲 zuò qǔ 작곡하다
作文 zuò wén 작문하다

Shēngcí
生词 새단어

在 zài 悍 마침 ~하고 있다
干 gàn 통 일을 하다
正在 zhèngzài 悍 지금 ~하고 있다
呢 ne 조 서술문 뒤에 쓰여 동작이나 상황이 지속됨을 나타냄
听 tīng 통 듣다
音乐 yīnyuè 명 음악
作 zuò 통 일하다, 만들다
事 shì 명 일, 업무, 사건
作业 zuòyè 명 숙제, 과제
生意 shēngyi 명 장사, 비즈니스
写 xiě 통 글씨를 쓰다, (작품을) 쓰다
曲 qǔ 명 노래, 악보, 곡
文 wén 명 글, 문장

🎧 MP3 06-03

3

니 시 부시환　　쉬예 한위
Ⓐ 你喜不喜欢学汉语?
Nǐ xǐ buxǐhuan xué Hànyǔ?

중국어 공부하는 걸 좋아하나요?

워 시환　　쉬예 한위
Ⓑ 我喜欢学汉语。
Wǒ xǐhuan xué Hànyǔ.

중국어 공부하는 걸 좋아해요.

동사를 목적어로 취하는 동사

중국어에는 '喜欢 xǐhuan'처럼 뒤에 다시 동사를 목적어로 오게 하는 동사가 몇 개 있습니다. '打算 dǎsuan', '进行 jìnxíng', '开始 kāishǐ', '希望 xīwàng' 등입니다.

- **你打算运动?**　운동을 할 생각입니까?
  Nǐ dǎsuan yùndòng?

- **我开始运动。**　나는 운동을 시작했어요.
  Wǒ kāishǐ yùndòng.

- **你希望减肥吗?**　다이어트 하기를 원해요?
  Nǐ xīwàng jiǎnféi ma?

쌍음절 동사의 긍정 부정형(정반) 의문문

회화체 문장의 정반 의문문에서 쌍음절 동사는 두 번째 글자를 종종 생략하기도 합니다.

- **你喜欢不喜欢音乐?**　　➡　**你喜不喜欢音乐?**
  Nǐ xǐhuan bù xǐhuan yīnyuè?　　　Nǐ xǐ buxǐhuan yīnyuè?
  음악을 좋아합니까?

- **你同意不同意这个主意?**　➡　**你同不同意这个主意?**
  Nǐ tóngyì bù tóngyì zhè ge zhǔyi?　　Nǐ tóng butóngyì zhè ge zhǔyi?
  이 의견에 동의합니까?

爱와 喜欢의 비교

'爱 ài'와 '喜欢 xǐhuan'의 대상은 모두 사물이나 어떤 활동이 될 수 있습니다. 또, '爱'와 '喜欢'은 뒤에 사람이 올 수도 있으며, '爱'가 '喜欢'보다 좋아하는 정도가 더 깊습니다.

🗣 **她很喜欢你，但是她没有爱上你。**
Tā hěn xǐhuan nǐ, dànshì tā méiyǒu ài shang nǐ.
그녀는 당신을 좋아하지만 사랑하는 것은 아닙니다.

Shēngcí 生词 새단어 📄

喜欢 xǐhuan 图 좋아하다
打算 dǎsuan 图 ~할 생각이다, ~하려고 계획하다
进行 jìnxíng 图 진행하다, 종사하다
开始 kāishǐ 图 시작하다, 착수하다
希望 xīwàng 图 희망하다, 바라다
运动 yùndòng 图 운동하다
减肥 jiǎnféi 图 살을 빼다
音乐 yīnyuè 명 음악
同意 tóngyì 图 동의하다, 찬성하다
主意 zhǔyi 명 생각, 의견

감정 표현　　　🎧 MP3 06-04

 高兴 기쁘다
gāoxìng

  喜欢 좋아하다
xǐhuan

 担心 걱정하다
dānxīn

 悲哀 슬프다
bēiāi

 讨厌 싫어하다
tǎoyàn

 后悔 후회하다
hòuhuǐ

 生气 화내다
shēngqì

 着急 조급해하다
zháojí

 放心 안심하다
fàngxīn

4

Ⓐ 니 쭈 짜이 날
你住在哪儿?
Nǐ zhù zài nǎr?

당신은 어디에 사나요?

Ⓑ 워 쭈 짜이 셔우얼
我住在首尔。
Wǒ zhù zài Shǒu'ěr.

저는 서울에서 살아요.

在…哪儿의 쓰임

'你住在哪儿? Nǐ zhù zài nǎr?'은 어디에 사는지를 묻는 표현입니다. 즉, 어디에 고정되어 있다는 의미가 강하여 '在 zài' 앞에는 고정 동사인 '放 fàng', '站 zhàn', '坐 zuò', '呆 dāi' 등이 쓰입니다.

이와 비슷하게 '你在哪儿住? Nǐ zài nǎr zhù?'라는 표현이 있는데, 이는 '어디에 묵고 있니?'라는 의미입니다. 그래서 유동적인 '学 xué', '做 zuò', '休息 xiūxi' 등은 아래와 같은 형태로 물어볼 수 있습니다.

- 你在哪儿学?   당신은 어디에서 <u>공부해요</u>?
  Nǐ zài nǎr xué?

장소를 묻는 의문 대명사들

장소를 물을 때는 '哪儿 nǎr', '哪里 nǎli', '哪边 nǎbiān', '什么地方 shénme dìfang' 등 다양한 의문사가 있습니다. 모두 '어디, 어디에, 어느 쪽, 어느 곳'이라는 비슷한 의미를 갖습니다.

- 당신은 어디에 살고 있어요?

你住在哪儿?   你住在哪边?
Nǐ zhù zài nǎr?   Nǐ zhù zài nǎbiān?

你住在哪里?   你住在什么地方?
Nǐ zhù zài nǎli?   Nǐ zhù zài shénme dìfang?

그런데 '哪里'는 상대방의 칭찬에 겸손한 대답으로도 사용할 수 있습니다.

Ⓐ 你很漂亮。   당신은 참 아름다워요.
Nǐ hěn piàoliang.

Ⓑ 哪里哪里。   천만에요, 별말씀을요.
Nǎli nǎli.

서울의 명칭

예전에는 서울을 '汉城 Hànchéng'이라고 했었답니다. 2005년 이후 '首尔 Shǒu'ěr'로 변경되었어요.

한국의 주요 도시

釜山 Fǔshān   부산
大田 Dàtián   대전
仁川 Rénchuān   인천
光州 Guāngzhōu   광주
大邱 Dàqiū   대구

Shēngcí
生词 새단어 📄

住 zhù 〔동〕 살다, 숙박하다
首尔 Shǒu'ěr 〔명〕 서울(지명)
放 fàng 〔동〕 놓아두다
站 zhàn 〔동〕 (일어)서다
呆 dāi 〔동〕 머물다
休息 xiūxi 〔동〕 휴식하다, 쉬다
哪里 nǎli 〔대〕 어디, 어느 곳
地方 dìfang 〔명〕 장소, 곳
边 biān 〔명〕 주위, 가, 근방, 쪽
漂亮 piàoliang 〔형〕 예쁘다, 아름답다

你去哪儿?
Nǐ qù nǎr?

我去公园散步，你呢?
Wǒ qù gōngyuán sànbù, nǐ ne?

我去图书馆。
Wǒ qù túshūguǎn.

你在图书馆做什么?
Nǐ zài túshūguǎn zuò shénme?

我在图书馆学汉语。
Wǒ zài túshūguǎn xué Hànyǔ.

你喜不喜欢学汉语?
Nǐ xǐ buxǐhuan xué Hànyǔ?

我喜欢学汉语。
Wǒ xǐhuan xué Hànyǔ.

学汉语难不难?
Xué Hànyǔ nán bunán?

不难，很有意思。
Bù nán, hěn yǒu yìsi.

민호	어디 가세요?
나나	공원에 산책하러 가요, 당신은요?
민호	저는 도서관에 가요.
나나	도서관에서 뭐 하세요?
민호	도서관에서 중국어를 공부해요.
나나	중국어 공부하는 걸 좋아하세요?
민호	중국어 공부하는 걸 좋아해요.
나나	중국어가 어렵지 않아요?
민호	어렵지 않아요, 재미있어요.

有意思와 没有意思

'有意思 yǒu yìsi'는 '재미있다'는 말이고,
반대말은 '没有意思 méiyǒu yìsi'입니다.

很의 특징

주로 형용사 술어문에서는 '很 hěn'을 습관적으로 붙여 쓰지만,
의문문이나 부정문에서는 '很'을 쓰지 않습니다.

Shēngcí
生词 새단어

公园 gōngyuán 몡 공원   **散步** sànbù 동 산보하다, 산책하다   **难** nán 혱 어렵다, 힘들다

意思 yìsi 몡 의미, 뜻   **有意思** yǒu yìsi 혱 재미있다, 흥미 있다

 연습 문제

1 단어를 듣고 성조를 표기해 보세요. 🎧 MP3 06-07

❶ nar

❷ tushuguan

❸ Hanyu

❹ you yisi

2 그림을 보고 대화를 완성해 보세요.

A 你去哪儿?
Nǐ qù nǎr?

B 我去_____。
Wǒ qù _____ .

A 学汉语难不难?
Xué Hànyǔ nán bunán?

B 学汉语_____!
Xué Hànyǔ _____ !

3 주어진 단어를 이용하여 문장을 완성해 보세요.

❶ 나는 중국어를 공부하고 있어요.

(xué, Hànyǔ, zài, wǒ / 学, 汉语, 在, 我)

_____

❷ 어렵지 않아요, 재미있어요.

(nán, hěn, yǒu, bù, yìsi / 难, 很, 有, 不, 意思)

_____

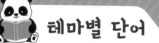 **테마별 단어** 🎧 MP3 06-08

인체의 명칭

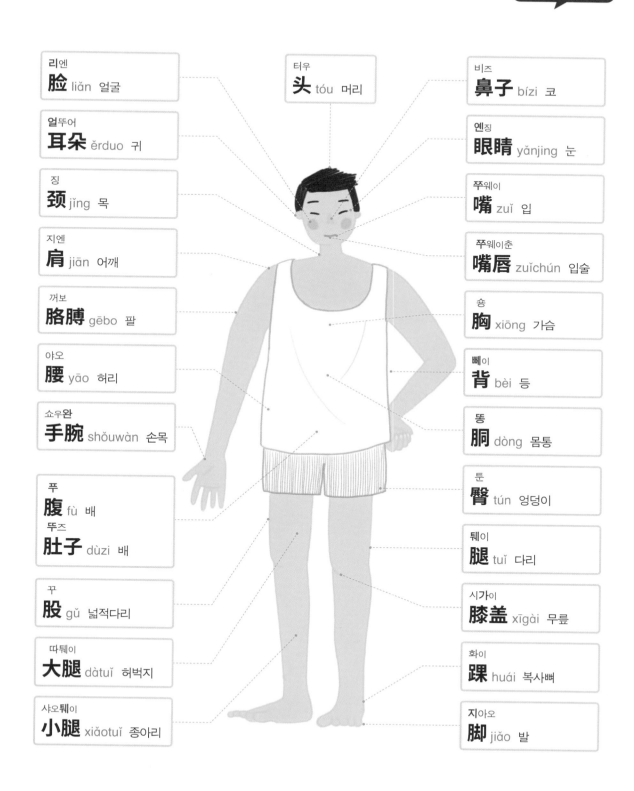

리엔
脸 liǎn 얼굴

얼뚜어
耳朵 ěrduo 귀

징
颈 jǐng 목

지엔
肩 jiān 어깨

꺼보
胳膊 gēbo 팔

야오
腰 yāo 허리

쇼우완
手腕 shǒuwàn 손목

푸
腹 fù 배

뚜즈
肚子 dùzi 배

꾸
股 gǔ 넓적다리

따퉤이
大腿 dàtuǐ 허벅지

샤오퉤이
小腿 xiǎotuǐ 종아리

터우
头 tóu 머리

비즈
鼻子 bízi 코

옌징
眼睛 yǎnjing 눈

쭈웨이
嘴 zuǐ 입

쭈웨이춘
嘴唇 zuǐchún 입술

숑
胸 xiōng 가슴

뻬이
背 bèi 등

똥
胴 dòng 몸통

툰
臀 tún 엉덩이

퉤이
腿 tuǐ 다리

시가이
膝盖 xīgài 무릎

화이
踝 huái 복사뼈

지아오
脚 jiǎo 발

06 동작 묻기 어디 가세요? 99

吗의문문

평서문의 문장 끝에 '吗'를 붙여주면 됩니다.

你是学生吗?　당신은 학생입니까?
Nǐ shì xuésheng ma?

你吃饭了吗?　식사는 했어요?
Nǐ chī fàn le ma?

긍정 부정형 의문문

'정반 의문문'이라고도 하며, '동사+不+동사'의 형태로 만듭니다.

你是不是学生?　당신은 학생입니까?
Nǐ shì bushì xuésheng?

他喝不喝酒?　그는 술을 마십니까?
Tā hē buhē jiǔ?

선택 의문문

'还是'를 사용하여 둘 중 하나를 고르도록 하는 형태입니다.

你喝咖啡还是喝茶?　커피 마실래요, 차를 마실래요?
Nǐ hē kāfēi háishi hē chá?

他是老师还是学生?　그는 선생님입니까, 학생입니까?
Tā shì lǎoshī háishi xuésheng?

의문(대명)사 의문문

의문 대명사(40쪽 참조)를 사용하여 만들 수 있습니다.

你喝什么?　당신은 무엇을 마시겠습니까?
Nǐ hē shénme?

他是谁?　그는 누구입니까?
Tā shì shéi?

呢의문문

'~는 (어때)?'라는 뜻으로, '대명사나 명사+呢'의 형태로 만듭니다.

我很好, 你呢?　저는 잘 지내요, 당신은요?
Wǒ hěn hǎo, nǐ ne?

我喝咖啡, 你呢?　나는 커피를 마실래요, 당신은요?
Wǒ hē kāfēi, nǐ ne?

앞에 설명하는 문장 없이 단독문에서 '명사+呢'가 쓰이는 경우는 '~은 어디에 있니?'라는 뜻입니다.

妈妈呢?　엄마는 (어디에 있어요)?
Māma ne?

我的钱包呢?　내 지갑은요?
Wǒ de qiánbāo ne?

多의문문

'얼마나 ~합니까?'의 뜻으로 '多+형용사'의 형태로 만듭니다.

多大?　얼마나 크나요?　　　　**多重?**　얼마나 무겁나요?
Duō dà?　　　　　　　　　　　Duō zhòng?

★ 춘절(春节 Chūnjié)

음력 1월 1일, 한국의 정월 초하루와 같다. 춘절을 음력 설이라고도 하며 흔히 '해를 넘기다'의 '过年 guò nián'이 라고도 한다. 춘절은 중국의 가장 성대한 전통 명절로, 설날 전 15일부터 본격적으로 귀성 인파가 몰려 역과 터미널은 대혼잡을 이룬다. 이러한 설 분위기는 정월 대보름(1월 15일)까지 이어져 한 달 동안이나 계속된다.

춘절 전날에 집집마다 대문 양쪽에 춘련(春联 Chūnlián 두 개의 좋은 덕담이나 시구를 적은 붉은 종이)을 써붙이고 대문이나 집안 벽에는 기복을 상징하는 연화(年画 Niánhuà 설날에 집 안이나 대문에 붙이는 그림)를 붙인다. 이때 복자를 거꾸로 붙 이는 것은 '거꾸로 倒(dào)'와 '도착하다 到(dào)'가 같은 발음으로 그 의미를 동일시하기 때문이다. 이들은 모두 악을 물리치고 풍요와 복을 불러들이는 색을 상징하는 붉은 색으로 하여 춘절의 분위기를 한껏 더 살려준다.

★ 기타 명절

1 원소절(元宵节 Yuánxiāojié)
　음력 1월 15일, 정월 대보름날
2 청명절(清明节 Qīngmíngjié)
　음력 2월 21일이며, 양력으로 4월 5일
3 중양절(重阳节 Chóngyángjié)
　음력 9월 9일
4 동지절(冬至节 Dōngzhìjié)
　양력 12월 22일 또는 23일
5 칠석절(七夕节 Qīxījié)
　음력 7월 7일

★ 중추절(中秋节 Zhōngqiūjié)

고대 역법(달력)에서는 8월을 중추라고 불렀으며 가을의 중간에 있다 하여 중추절이라고 한다. 가을의 밝고 맑은 빛을 띠는 둥근달이 단결과 화목을 상징하기 때문에 단원절(团圆节)이라고도 한다.

수박씨나 해바라기씨, 호박씨 등과 월병(月饼 Yuèbǐng) 은 중추절에 먹는 음식이며, 또한 달에게 제사를 지내는 제물이기도 하다.

★ 단오절(端午节 Duānwǔjié)

음력 5월 5일, 오월절(五月节)이라고도 하며 전국시대(战国时代) 초(楚)나라의 충신이었던 시인 굴원(屈原)이 초나라가 망하자 유배지(流配地)의 멱라강(汨罗水)에 빠져 자살하여 죽은 날로 굴원을 기념하는 날이다. 이 날에는 강이나 호수에서 북이나 꽹과리를 치면서 뱃놀이 용선경기를 한다.

07

가격 묻기

모두 얼마예요?

? 학습 목표

물건을 사거나 흥정할 때의 표현과 돈을 지불해야 하는 상황에
필요한 표현을 익히고 활용할 수 있습니다.

! 학습 포인트

① 您要什么?
② 有大一点儿的吗?
③ 一共多少钱?
④ 贵不贵?

+ 학습 Plus 자료

- 테마별 단어 카드 옷의 종류
- 기초 문법 어림수
- 중국문화 이모저모 화폐—인민폐

이렇게 공부하세요 ─────────────

동영상 강의 보기

복습용 동영상 보기

**기본 표현
한 번에 듣기**

응용 회화 듣기

단어 암기하기

기본 표현

1

A 닌 야오 션머
您要什么?
Nín yào shénme?

뭐가 필요하세요?

B 워 야오 이거　마오즈
我要一个帽子。
Wǒ yào yí ge màozi.

모자가 하나 필요해요.

要~의 쓰임

'您要什么? Nín yào shénme?'는 '您买什么? Nín mǎi shénme?', 您要买什
么? Nín yào mǎi shénme?'라고 해도 됩니다. 일상생활에서 '~주세요', '~가
필요해요'라는 뜻으로 '我要~ Wǒ yào~'가 자주 사용됩니다.

- **我要西瓜。** 　수박을 주세요.
  Wǒ yào xīguā.

- **我要买西瓜。** 　수박을 사려고 해요.
  Wǒ yào mǎi xīguā.

- **我要五斤。** 　다섯 근 주세요.
  Wǒ yào wǔ jīn.

존칭의 您

손님에게 하는 표현이니 상점에서는 '你 nǐ'보다는 '您 nín'을 주로 사용합
니다.

모자의 양사

일반적으로 양사 '个 ge'가 두루 사용되지만 '꼭대기가 있는 물건인 모자'는
양사 '顶 dǐng'도 씁니다.

색깔(颜色 yánsè) 표현

黑色 hēisè 검정색
白色 báisè 흰색
灰色 huīsè 회색
蓝色 lánsè 파란색
红色 hóngsè 빨간색
黄色 huángsè 노란색
绿色 lǜsè 녹색
橙色 chéngsè 주황색
咖啡色 kāfēisè 갈색

Shēngcí
生词 새단어

要 yào 통 원하다, 필요하다,
　　　　~하려고 하다
帽子 màozi 명 모자
西瓜 xīguā 명 수박
斤 jīn 양 근(무게의 단위, 500g)
顶 dǐng 양 개, 채
　　　　(꼭대기가 있는 물건을 세는 단위)
颜色 yánsè 명 색, 색깔

과일

 苹果 사과
píngguǒ

 梨 배
lí

 橘子 귤
júzi

 香蕉 바나나
xiāngjiāo

 柿子 감
shìzi

 甜瓜 참외
tiánguā

 葡萄 포도
pútáo

 西瓜 수박
xīguā

 桃 복숭아
táo

2

여우 따 이디얼 더 마
A 有大一点儿的吗?
Yǒu dà yìdiǎnr de ma?

조금 더 큰 것이 있나요?

여우 닌 짜이 스 이 스
B 有。您再试一试。
Yǒu. Nín zài shì yi shì.

있습니다. 이거 다시 한 번 입어보세요.

一点儿(수량사)과 有点儿(부사)

'一点儿 yìdiǎn'은 동사나 형용사 뒤에 붙어, 앞의 의미가 '조금', '약간', '덜함'(객관적으로 정도가 적음)을 나타냅니다.

- **长一点儿**　좀 더 긴
  cháng yìdiǎnr

- **吃一点儿**　조금 먹다
  chī yìdiǎnr

- **今天冷一点儿。**　오늘은 조금 추워요.
  Jīntiān lěng yìdiǎnr.

- **我能喝一点儿酒。**　나는 술을 조금 마실 수 있어요.
  Wǒ néng hē yìdiǎnr jiǔ.

이와 다르게 술어 앞에 쓰여서 '상황이 조금 마음에 들지 않는다, 여의치 않다'는 의미의 '有点儿 yǒudiǎnr'이 있습니다.

- **有点儿贵。**　좀 비싸다
  Yǒudiǎnr guì.

- **我有点儿累。**　나는 좀 피곤해요.
  Wǒ yǒudiǎnr lèi.

동사의 중첩

중국어에서는 일부 동사를 중첩하여 동작이 일어나는 시간이 짧거나 가볍게 한번 시도해 보는 뜻으로 쓰기도 합니다. 단음절 동사의 형태는 'AA' 또는 'A一A'의 형태로, 쌍음절 동사는 'ABAB'로 씁니다.

- **试试** ＝ **试一试**　좀 입어보다
  shìshi　　shì yi shì

- **听听** ＝ **听一听**　좀 들어보다
  tīngting　　tīng yi tīng

- **你看看(＝看一看)这本书。**　이 책을 좀 보세요.
  Nǐ kànkan (＝ kàn yi kàn) zhè běn shū.

- **我给你介绍介绍。**　당신에게 소개 좀 할게요.
  Wǒ gěi nǐ jièshào jièshào.

'再'와 '又'

같은 동작이나 상황이 반복될 때 동사 앞에 붙이는 '다시', '또'라는 의미의 '再 zài'가 있는데, 같은 의미의 '又 yòu'와 쓰임에 차이가 있습니다.

'又'는 과거 일에 대한 반복, '再'는 미래 일에 대한 반복을 나타냅니다.

예 **明天再看一看。**　내일 다시 좀 봅시다.
　 Míngtiān zài kàn yi kàn.

　 他今天又来了。　그가 오늘 또 왔어요.
　 Tā jīntiān yòu lái le.

生词 새단어
Shēngcí

一点儿 yìdiǎnr 양 조금, 약간
再 zài 부 또, 다시
试 shì 동 시험삼아 해보다, 시도하다
有点儿 yǒudiǎn 부 조금, 약간
　　　　　　　　　(흔히 여의치 않은 일에 쓰임)
冷 lěng 형 춥다
能 néng 동 ~할 수 있다, ~할 줄 안다
酒 jiǔ 명 술
贵 guì 형 (가격·가치가) 높다, 비싸다
看 kàn 동 보다, 구경하다
介绍 jièshào 동 소개하다, 설명하다
又 yòu 부 또, 다시
给 gěi 전 ~에게 / 동 주다

🎧 MP3 07-04

3

이꽁　뚜어샤오　치엔
Ⓐ 一共多少钱?
Yígòng duōshao qián?

모두 합해서 얼마인가요?

이꽁　량 콰이 (치엔)
Ⓑ 一共两块(钱)。
Yígòng liǎng kuài (qián).

전부 합해서 2위안입니다.

📗 물건값을 물어볼 때

금액을 물어볼 때 '多少钱? Duōshao qián?'이라고 합니다. '一共 yígòng'은 '모두 합해서'라는 뜻인데, 개별 물건값을 물을 때에는 수량사를 써서 묻게 됩니다.

Ⓐ 一杯牛奶，多少钱?　　우유 한 잔은 얼마인가요?
Yì bēi niúnǎi, duōshao qián?

= **牛奶，多少钱一杯?**
Niúnǎi, duōshao qián yì bēi?

Ⓑ (一杯牛奶)四块。　　(우유 한 잔은) 4위안입니다.
(Yì bēi niúnǎi) Sì kuài.

Ⓐ 一斤苹果，多少钱?　　사과 한 근에 얼마인가요?
Yì jīn píngguǒ, duōshao qián?

= **苹果，多少钱一斤?**
Píngguǒ, duōshao qián yì jīn?

Ⓑ (一斤苹果)五块。　　(사과 한 근에) 5위안입니다.
(Yì jīn píngguǒ) Wǔ kuài.

'多少钱 duōshao qián'과 같은 표현으로 '怎么卖? Zěnme mài? 어떻게 파시나요?'라고 물어볼 수도 있습니다.

중국의 매매 단위

우리나라에서는 고기는 근(斤 jīn)으로 사고 과일은 개수로 사는 반면, 중국은 모두 저울을 사용하여 근 단위로 판매를 하며, 1근(斤)은 500g입니다. '公斤 gōngjīn'은 킬로그램(kg)을 말합니다.

중국돈의 단위

인민폐의 금액 단위는 '元 yuán', '角 jiǎo', '分 fēn'으로 구분이 되는데, 이를 회화에서는 '块 kuài', '毛 máo', '分'으로 씁니다.

Shēngcí
生词 새단어

一共 yígòng 🔲 모두, 합계
钱 qián 🔲 돈, 화폐
块 kuài 🔲 (화폐 단위) 콰이(元의 회화체)
杯 bēi 🔲 잔, 컵
牛奶 niúnǎi 🔲 우유
苹果 píngguǒ 🔲 사과(과일)
怎么 zěnme 🔲 어떻게
卖 mài 🔲 팔다
公斤 gōngjīn 🔲 킬로그램(kg)
元 yuán 🔲 (화폐 단위) 위안(문어체)
角 jiǎo 🔲 (화폐 단위) 자오(문어체)
毛 máo 🔲 (화폐 단위) 마오(角의 회화체)
分 fēn 🔲 (화폐 단위) 펀

4

A 꿰이 부꿰이
贵不贵?
Guì buguì?

비싼가요?

B 부 꿰이
不贵。
Bú guì.

안 비싸요.

'형용사+不+형용사'의 형태의 의문문

'贵不贵? Guì buguì?'는 긍정 부정형의 의문문입니다.

동사와 마찬가지로 형용사도 '형용사+不+형용사'의 형태로 의문문을 만들 수 있습니다.

- **好不好?** 좋은가요?
  Hǎo buhǎo?

- **忙不忙?** 바쁜가요?
  Máng bumáng?

- **累不累?** 피곤한가요?
  Lèi bulèi?

- **漂不漂亮?** 예쁜가요?
  Piào bupiàoliang?

비싸지 않다

'不贵 bú guì'는 '비싸지 않다'라는 뜻이니 결국 '便宜 piányi 싸다'라는 말이겠지요? 형용사에는 습관적으로 '很'을 붙인다고 했으니, '很便宜 hěn piányi'와 같은 말입니다.

금액의 2를 읽는 방법

인민폐에서 금액을 읽을 때, 2가 단독으로 쓰일 때에는 '两 liǎng'으로 읽어야 합니다.

또 2가 마지막에 쓰이면 '二 èr'로 읽습니다.

2.00 两块 2위안
liǎng kuài

0.20 两毛 0.2위안(2마오)
liǎng máo

0.02 两分 0.02위안(2펀)
liǎng fēn

2.20 两块二 2.2위안(2위안 2마오)
liǎng kuài èr

2.22 两块二毛二 2.22위안
liǎng kuài èr máo èr (2위안 2마오 2펀)

흥정하다

이렇게 값을 흥정하는 것을 '讲价 jiǎngjià'라고 합니다. 중국에서는 정찰 (标价 biāojià)이 아닌 곳이 많아 '讲价' 할 일이 아주 많습니다.

세일하다

'打折 dǎzhé'는 '할인하다'라는 의미인데, 10에서 숫자를 뺀 만큼이 할인 비율입니다. 즉 '打九折 dǎ jiǔ zhé'는 10% 할인이고, '打七折 dǎ qī zhé'는 30% 할인이라는 뜻입니다.

Shēngcí
生词 새단어

便宜 piányi 휑 (값이) 싸다
讲价 jiǎngjià 용 값을 흥정하다
标价 biāojià 몡 표시 가격, 정가
打折 dǎzhé 용 가격을 깎다, 할인하다

欢迎光临，您要什么？
Huānyíng guānglín, nín yào shénme?

我要一个帽子。有没有帽子？
Wǒ yào yí ge màozi. Yǒu méiyǒu màozi?

有，您可以试试这个。
Yǒu, nín kěyǐ shìshi zhè ge.

这个有一点儿小，有大一点儿的吗？
Zhè ge yǒu yìdiǎnr xiǎo, yǒu dà yìdiǎnr de ma?

有。您再试一试。
Yǒu. Nín zài shì yi shì.

好，怎么卖？
Hǎo, zěnme mài?

这是标价。六十块钱。
Zhè shì biāojià. Liùshí kuài qián.

太贵了，能不能便宜一点儿？
Tài guì le, néng bunéng piányi yìdiǎnr?

打八折吧!
Dǎ bā zhé ba!

谢谢，五十块在这儿。
Xièxie, wǔshí kuài zài zhèr.

好。我找您两块。
Hǎo. Wǒ zhǎo nín liǎng kuài.

점원	어서 오세요. 뭐가 필요하세요?
나나	모자를 하나 원해요. 모자 있어요?
점원	있습니다. 이거 한 번 써보세요.
나나	이건 좀 작아요. 좀 더 큰 것이 있을까요?
점원	그럼요. 이걸 다시 써보세요.
나나	좋군요. 어떻게 팔아요?
점원	이건 정가로 판매해요. 60원이에요.
나나	너무 비싸요. 좀 싸게 해 주실 수 있어요?
점원	20% 할인해 드릴게요.
나나	고마워요. 50원 여기 있어요.
점원	예. 2원 거슬러 드릴게요.

Shēngcí
生词 새단어

欢迎光临 Huānyíng guānglín 어서 오세요   **这个** zhè ge 때 이거   **小** xiǎo 형 작다
找 zhǎo 통 거슬러 주다, 찾다

연습 문제

1 단어를 듣고 병음이나 중국어로 써 보세요. 🎧 MP3 07-07

1 _____ **2** _____

3 _____ **4** _____

2 그림을 보고 대화를 완성해 보세요.

A 您要什么?
Nín yào shénme?

B _____。
_____.

A 一共多少钱?
Yígòng duōshao qián?

B _____。
_____.

3 다음 문장을 중국어나 병음으로 써 보세요.

1 뭘 드릴까요?

_____

2 조금 더 큰 거 있어요?

_____

110

옷의 종류

바지

쿠즈
裤子
kùzi

치마

췬즈
裙子
qúnzi

스웨터

마오이
毛衣
máoyī

청바지

니우자이쿠
牛仔裤
niúzǎikù

원피스

리엔이췬
连衣裙
liányīqún

티셔츠

티쉬샨
T恤衫
T xùshān

모자

마오즈
帽子
màozi

장갑

서우타오
手套
shǒutào

양말

와즈
袜子
wàzi

정확한 숫자가 아닌 대략적인 수를 '어림수'라고 하며, 중국어에서는 주로 '多', '几', '左右', '来' 등을 써서 말합니다.

◉ 10 이상의 수 뒤에 '多', '几'를 붙여 쓸 수 있습니다.

十多岁 열 몇 살 정도
shí duō suì

十几岁 열 몇 살
shí jǐ suì

一百多个人 백여 명
yì bǎi duō ge rén

◉ '多'는 '수사+양사+多'의 형식으로 쓸 수 있습니다.

十年多 10년 넘게
shí nián duō

五岁多 5살 넘게
wǔ suì duō

◉ '来'는 일반적으로 그 수에 미치지 못한다는 의미이지만, 때로는 그 수보다 조금 클 때도 쓸 수 있습니다.

十来岁 열 살 정도
shí lái suì

十来斤 열 근 정도
shí lái jīn

◉ 두 개의 이웃한 수를 사용하여 쓸 수 있습니다.

二十一二岁 스물 한두 살
èr shí yī èr suì

七八个人 일고여덟 명
qī bā ge rén

◉ '左右'는 '수사+양사+左右'의 형식으로 쓸 수 있습니다.

十岁左右 10살 전후(정도)
shí suì zuǒyòu

一个月左右 1개월 정도
yí ge yuè zuǒyòu

화폐-인민폐(人民币, RMB)

중국에는 화폐 종류가 상당히 많다. 같은 금액의 지폐와 동전이 함께 유통되기도 한다. 먼저 지폐에는 100元, 50元, 20元, 10元, 5元, 2元, 1元, 5角, 2角, 1角가 있고, 동전으로는 1元, 5角, 1角, 5分, 2分, 1分이 있다.

문어체	元 yuán	角 jiǎo	分 fēn
구어체	块 kuài	毛 máo	分 fēn
	1元(块) = 10角(毛)		1角(毛) = 10分

중국 여행 중에는 현지 은행이나 호텔에서 인민폐로 환전을 할 수 있는데, 이때 숫자의 변조를 막기 위해 획이 많은 한자를 별도로 사용하고 있다. 그러나 외국인의 경우 대부분 한자를 쓸 줄 모르므로 아라비아 숫자로 대신하여 확인 사인을 받고 있다.

1	一 → 壹		2	二 → 貳		3	三 → 叁
4	四 → 肆		5	五 → 伍		6	六 → 陆
7	七 → 柒		8	八 → 捌		9	九 → 玖
10	十 → 拾		100	百 → 百		1000	千 → 仟
10000	万 → 万						

08 전화하기

OO 좀 바꿔주세요.

? 학습 목표

전화와 관련된 표현을 익히고,
전화번호를 서로 묻고 답할 수 있습니다.

! 학습 포인트

① 李先生在吗?
② 你打错了。
③ 请李先生接电话。
④ 你的电话号码是多少?

+ 학습 Plus 자료

- **테마별 단어 카드** 가전제품
- **기초 문법** 了의 쓰임
- **중국문화 이모저모** 중국의 5대 명산

이렇게 공부하세요 ────────

동영상 강의 보기

복습용 동영상 보기

**기본 표현
한 번에 듣기**

응용 회화 듣기

단어 암기하기

 MP3 08-01

1

A 웨이 리 시엔셩 짜이 마
喂，李先生在吗?
Wéi, Lǐ xiānsheng zài ma?

이 선생님 계신가요?

B 부 짜이
不在。
Bú zài.

안 계십니다.

喂의 쓰임

'喂 Wéi'는 '여보세요, 야, 어이' 등의 뜻으로 부르는 소리입니다.

통화하고 싶은 상대(이 선생님)가 직접 전화를 받은 것 같을 때에는 간단하게 '喂, 李先生吗? Wéi, Lǐ xiānsheng ma?'라고 하기도 합니다.

집으로 전화를 걸 때는 '喂，是李先生家吗? Wéi, shì Lǐ xiānsheng jiā ma?'라고 해도 됩니다.

이때 대답은 '是 shì'나 '不是 bú shì'로 합니다.

在의 쓰임

'在'는 동사로 쓰여 '있다, 존재하다'라는 뜻이고, '在' 뒤에 장소를 써서 '~에 있다'라고 표현하기도 합니다. 부정은 앞에 '不 bù'를 붙여 '不在' 또는 '不在+장소'로 씁니다.

왕초보 탈출 Tip

'喂 Wèi'는 원래 4성이지만 전화를 걸거나 받을 때는 주로 2성 'Wéi'로 발음합니다.

Shēngcí
生词 새단어

喂 wéi 갑 여보세요, 어이, 야
在 zài 통 존재하다, ~에 있다
战线 zhànxiàn 통 (전화가) 통화 중이다
通话 tōnghuà 통 통화하다
中 zhōng 명 ~의 중에, ~과정에
一直 yìzhí 부 계속, 줄곧
占线 zhàn xiàn 통 통화 중이다, (전화 선이) 사용 중이다
稍 shāo 부 약간, 조금
稍后 shāohòu 명 (시간·공간상) 잠시 후, 조금 뒤
拨 bō 통 (손가락이나 도구로) 켜다, 밀다
关机 guānjī 통 전원을 끄다, 핸드폰을 끄다
接通 jiētōng 통 연결되다, 통하다

전화 음성 메시지 표현

正在战线。　지금 통화 중입니다.
Zhèngzài zhàn xiàn.

正在通话中。
Zhèngzài tōnghuàzhōng.

一直占线。　계속 통화 중입니다
Yìzhí zhàn xiàn.

请稍后再打。　잠시 후 다시 걸어 주세요.
Qǐng shāohòu zài dǎ.

请稍后再拨。
Qǐng shāohòu zài bō.

关机。　전원이 꺼져 있어요.
Guān jī.

接通了。　연결되었습니다.
Jiētōng le.

2

니 따 추어 러
Ⓐ 你打错了。
Nǐ dǎ cuò le.

전화 잘못 거셨습니다.

게이 니 마판 러 씨에씨에
Ⓑ 给你麻烦了，谢谢。
Gěi nǐ máfan le, xièxie.

실례했습니다, 감사합니다.

전화를 걸다

'전화를 걸다'라고 할 때는 동사 '打 dǎ'를 써서 '打电话 dǎ diànhuà'라고 합니다. 그래서 '打错 dǎ cuò'는 '전화를 잘못 걸다'라는 의미입니다. '了 le'는 A, B 모두 동사 뒤 혹은 문장 끝에 써서 '~했다'라는 뜻으로 완료를 나타냅니다.

麻烦의 쓰임

'麻烦 máfan'은 '귀찮게 하다', '번거롭게 하다'의 뜻으로 '번거롭게 해서 미안하다'라는 의미입니다. 명사로 쓰여서 '말썽', '부담'이라는 의미로도 쓰입니다.

두 개의 목적어를 갖는 동사

원래 중국어는 동사가 목적어를 하나만 취하는데, '给 gěi, 教 jiāo, 告诉 gàosu, 借 jiè, 送 sòng, 问 wèn, 找 zhǎo' 등은 목적어를 두 개 취하며, 이러한 동사를 '수여 동사'라고 합니다. 이때 해석은 '~에게+~을'이라고 합니다.

- **告诉我这件事。** 나에게 이 일을 알려주세요.
  Gàosu wǒ zhè jiàn shì.

- **我想问你一个问题。** 당신에게 뭐 하나 물어보고 싶어요.
  Wǒ xiǎng wèn nǐ yí ge wèntí.

- **她教我们汉语。** 그녀는 우리에게 중국어를 가르쳐 주신다.
  Tā jiāo wǒmen Hànyǔ.

전화 사용 표현

打电话 전화를 걸다
dǎ diànhuà

接电话 전화를 받다
jiē diànhuà

挂电话 전화를 끊다
guà diànhuà

回电话 전화 회신을 하다
huí diànhuà

Shēngcí 生词 새단어

打 dǎ 图 치다, 두드리다, (전화를) 걸다

错 cuò 图 틀리다, 맞지 않다

打错 dǎ cuò 图 잘못 치다, (전화를) 잘못 걸다

麻烦 máfan 명 말썽, 부담 / 图 귀찮게 하다, 폐를 끼치다

电话 diànhuà 명 전화

告诉 gàosu 图 말하다, 알리다

借 jiè 图 빌리다, 빌려주다

送 sòng 图 보내다

回 huí 图 대답하다, 회답하다

件 jiàn 양 일, 사건 등의 단위

问题 wèntí 명 문제, 질문

接 jiē 图 (손으로) 받다, 이어지다, 연결하다

挂 guà 图 전화를 끊다

🎧 MP3 08-03

3

칭 리 시엔성 지에 띠엔화

A 请李先生接电话。

Qǐng Lǐ xiānsheng jiē diànhuà.

이 선생님 좀 바꿔주세요.

하오 샤오 덩 이시아

B 好，稍等一下。

Hǎo, shāo děng yíxià.

네, 잠시만요.

～를 바꿔 주세요

'请～接电话 Qǐng ~ jiē diànhuà'는 '～를 바꿔주세요', '～와 연결해 주세요'의 뜻입니다.

사람에게가 아니라 장소로의 전환을 말할 때는 '转 zhuǎn'을 씁니다.

- **请给(我)转一下102号房间。** 102호 방으로 바꿔주세요.
  Qǐng gěi (wǒ) zhuǎn yíxià yāo líng èr hào fángjiān.

一下의 쓰임

'稍等一下 shāo děng yíxià'는 '请稍等 qǐng shāo děng', '请等一会儿 qǐng děng yíhuìr'과 같은 의미입니다. '一下 yíxià'는 '잠시, 한번'의 뜻을 지닌 수량사로 '좀 ～해보다'의 의미로 쓰입니다. '请 qǐng'을 덧붙이면 좀 더 정중한 느낌이 듭니다.

- **等一下** 잠시 기다리다
  děng yíxià

- **看一下** 좀 보다
  kàn yíxià

- **听一下** 좀 들어보다
  tīng yíxià

중국의 국가 번호 및 지역 번호

중국도 우리나라처럼 지역 전화번호가 따로 있습니다. 중국의 국가 번호는 86이며, 주요 도시별 지역 번호는 아래와 같습니다.

베이징	10
상하이	21
광저우	20
충칭	23
시안	29
청두	28

Shēngcí
生词 새단어

等 děng 통 기다리다

一下 yíxià 양 (동사 뒤에서) 시험삼아 해보다, 좀 ～하다의 뜻을 나타냄

转 zhuǎn 통 돌다, 회전하다

给 gěi 통 (～에게) ～을 주다, 하도록 시키다

4

니 더 **띠엔화** **하**오마 스 **뚜**어샤오
A 你的电话号码是多少?　　　전화번호가 어떻게 되세요?
Nǐ de diànhuà hàomǎ shì duōshao?

워 더 **셔**우지 스 **링**야오링 **싼** 우 치 지어우 우 우 야오 우
B 我的手机是 010-3579-5515。　제 핸드폰 번호는 010-3579-5515입니다.
Wǒ de shǒujī shì líng yāo líng sān wǔ qī jiǔ wǔ wǔ yāo wǔ.

번호를 물을 때

핸드폰의 번호를 물을 때는 '你的手机号码是多少? Nǐ de shǒujī hàomǎ shì duōshao?'라고 하면 됩니다.

방번호와 전화번호는 숫자를 하나씩 읽습니다.

- 三零四号　　304호
  sān líng sì hào

- 零一零三五七九五五一五号　　010-3579-5515번
  líng yāo líng sān wǔ qī jiǔ wǔ wǔ yāo wǔ hào

숫자 1을 읽는 방법

1은 헷갈리기 쉽습니다. 그래서 방번호나 전화번호 등의 1을 숫자로 불러줄 때는 'yī'가 아니라 'yāo'라고 합니다.

의문 대명사 '多少'

주로 값이나 전화번호를 물을 때 씁니다.

예 多少钱?　　얼마예요?
　Duōshao qián?

　他的(电话)号码是多少?
　Tā de (diànhuà) hàomǎ shì duōshao?
　그의 전화번호는 몇 번이에요?

Shēngcí
生词 새단어

号码 hàomǎ 몡 번호, 숫자
手机 shǒujī 몡 핸드폰

사랑에 관한 표현 🎧 MP3 08-05

 谈恋爱 연애하다
tán liànài

 **约会** 데이트
yuēhuì

接吻 키스
jiē wěn

 吵架 다투다
chǎo jià

三角恋爱 삼각관계
sān jiǎo liànài

失恋 실연하다
shīliàn

 结婚 결혼하다
jiéhūn

 情书 연애편지
qíng shū

 单相思 짝사랑
dānxiāngsī

喂，李先生在吗？
Wéi, Lǐ xiānsheng zài ma?

他现在不在。他有急事去上海了。
Tā xiànzài bú zài. Tā yǒu jíshì qù Shànghǎi le.

他什么时候回来？
Tā shénmeshíhòu huí lái?

我不太清楚，找他有什么事？
Wǒ bú tài qīngchu, zhǎo tā yǒu shénme shì?

请他给我回个电话。
Qǐng tā gěi wǒ huí ge diànhuà.

你的电话号码是多少？
Nǐ de diànhuà hàomǎ shì duōshao?

我的手机是 010-3579-5515。
Wǒ de shǒujī shì líng yāo líng sān wǔ qī jiǔ wǔ wǔ yāo wǔ.

好。我一定转告他。
Hǎo. Wǒ yídìng zhuǎngào tā.

왕밍	여보세요, 이 선생님 계신가요?
여자	그는 지금 없어요. 급한 일로 상하이에 가셨어요.
왕밍	그는 언제 돌아오죠?
여자	저는 확실히 모르겠어요. 무슨 일로 그를 찾으시죠?
왕밍	그분께 저한테 전화 좀 해달라고 전해주세요.
여자	전화번호가 어떻게 되세요?
왕밍	제 전화번호는 010-3579-5515번입니다.
여자	알겠어요, 제가 꼭 전해드릴게요.

Shēngcí
生词 새단어

急事 jíshì 명 급한 일
找 zhǎo 통 찾다

上海 Shànghǎi 명 상하이 (지명)
一定 yídìng 부 반드시, 꼭

清楚 qīngchu 형 분명하다, 확실하다
转告 zhuǎngào 통 (말을) 전하다

 **연습 문제**

1 단어를 듣고 병음이나 중국어로 써 보세요. 🎧 MP3 08-07

① _____ **②** _____

③ _____ **④** _____

2 그림을 보고 대화 B를 완성해 보세요.

A 喂, 金同学在吗?

Wéi, Jīn tóngxué zài ma?

B 他_____。

Tā _____ .

A 你的电话号码是多少?

Nǐ de diànhuà hàomǎ shì duōshao?

B _____!

_____ !

3 다음 문장을 중국어나 병음으로 써 보세요.

① 이 선생님 계십니까?

_____

② 이 선생님을 바꿔(연결해) 주세요.

_____

122

가전제품

텔레비전

띠엔스지
电视机
diànshìjī

냉장고

삥샹
冰箱
bīngxiāng

세탁기

씨이지
洗衣机
xǐyījī

청소기

시천치
吸尘器
xīchénqì

전기밥솥

띠엔판궈
电饭锅
diànfànguō

드라이기

추이펑지
吹风机
chuīfēngjī

카메라

짜오샹지
照相机
zhàoxiàngjī

다리미

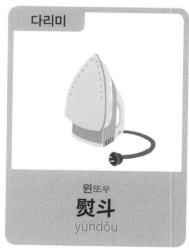

윈또우
熨斗
yùndǒu

선풍기

띠엔샨
电扇
diànshàn

'了'는 주로 문장 끝에 옵니다.

◉ '주어+동사+목적어+了'의 형태로 동작이 이미 발생했음을 나타냅니다.

'已经' 등 과거를 나타내는 명사와 함께 쓰이기도 합니다.

我吃饭了。　나는 밥을 먹었습니다.
Wǒ chī fàn le.

他去书店了。　그는 서점에 갔습니다.
Tā qù shūdiàn le.

我已经吃饭了。　나는 이미 밥을 먹었습니다.
Wǒ yǐjing chī fàn le.

◉ '동사/형용사/명사+了'의 형태로, 상황의 변화나 새로운 상황의 출현을 나타내기도 합니다.

春天了，天气暖和了。　봄이 되니 날씨가 따뜻해졌어요.
Chūntiān le, tiānqì nuǎnhuo le.

我有工作了。　일(직업·직장)이 생겼어요.
Wǒ yǒu gōngzuò le.

我今年二十岁了。　나는 올해 20살이 되었어요.
Wǒ jīnnián èrshí suì le.

◉ 부정문은 '주어+没(有)+동사+목적어'의 형태로, '没(有)'를 동사 앞에 오게 하고, 문장 끝의 '了'를 생략합니다.

我没(有)吃饭。　나는 밥을 못 먹었어요.
Wǒ méi(yǒu) chī fàn.

我没去学校。　나는 학교에 가지 않았어요.
Wǒ méi qù xuéxiào.

◉ '没(有)' 앞에 '还'를 써서 '주어+还+没(有)+동사+목적어+呢'의 형태로, '아직 ~하지 않았다'의 의미로도 쓰입니다.

我还没见老师呢。　나는 아직 선생님을 뵙지 못했어요.
Wǒ hái méi jiàn lǎoshī ne.

◉ 의문문은 여러 가지 형태로 만들 수 있습니다.

● '주어+동사+목적어+了+吗'의 형태로, 평서문 끝에 '吗'를 붙입니다.

你吃饭了吗?　밥 먹었어요?
Nǐ chī fàn le ma?

● '주어+동사+목적어+了+没有'의 형태로, 평서문 끝에 '没有'를 붙여 만들 수도 있습니다.

你吃饭了没有?　밥 먹었어요?
Nǐ chī fàn le méiyǒu?

● 때로는 '동사+了+목적어+没有'나 '동사+没+동사' 형태로 의문문을 만들기도 합니다.

你吃了今天的早饭没有?　오늘 아침밥 먹었어요?
Nǐ chī le jīntiānde zǎofàn méiyǒu?

她来没来?　그녀는 안 왔어요?
Tā lái méilái?

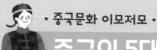
중국의 5악은 동쪽의 타이산(泰山, 山东省), 서쪽의 화산(华山, 陕西省), 남쪽의 헝산(衡山, 湖南省), 북쪽의 헝산(恒山, 山西省), 중부의 쑹산(嵩山, 河南省)을 꼽습니다. 정상이나 산기슭에는 도교(道教)의 사원이 많이 있습니다.

★ 동악 타이산(东岳泰山)

사람이 앉아 있는 형상을 하고 있다고 합니다. 타이산은 예로부터 황제가 하늘에 제사를 지내는 의식을 행했던 곳으로 진시황제를 비롯해 당태종 등 72명의 황제가 이곳을 찾았던 것으로 알려져 있습니다. 주봉의 높이는 1,524m이며 전체 면적은 426㎢입니다. 주 등산로는 계단으로 이루어져 있으며, 4월~11월까지가 등반에 적당한 시기입니다.

★ 서악 화산(西岳华山)

사람이 서 있는 형상을 하고 있다고 합니다. 도교의 명산으로 유명하며, 기이하고 험난해서 등산 내내 절벽에 붙어서 오르도록 되어 있습니다. 그러나 1996년에 케이블카가 설치되어 등산이 수월해졌으며, 동·서·남·북·중앙에 5개의 봉우리가 있는데, 남쪽 봉우리가 해발 2,160m로 가장 높습니다.

★ 남악 헝산(南岳衡山)

사람이 나는 것 같은 형상을 하고 있다고 합니다. 불교 선종, 남종의 발원지로 곳곳에 이와 관련된 사찰이 있으며, 72개의 봉우리가 있는데 주봉의 높이는 해발 1,298m입니다. 많은 황제들이 이곳에 와서 수렵을 즐겼다고 하며, 이 산의 최남단에는 남하하던 기러기가 멈췄다는 훼이옌펑(回雁峰)이 있습니다.

★ 북악 헝산(北岳恒山)

사람이 움직이는 것과 같은 형상을 하고 있다고 합니다. 예로부터 도교의 성지 유적 '18경'으로 유명하며 최고봉은 2,017m입니다. 절경 18경 중에서 으뜸은 쉬엔콩쓰(悬空寺)를 꼽습니다.

★ 중악 쑹산(中岳嵩山)

사람이 누워 있는 형상을 하고 있다고 합니다. 샤오린쓰(少林寺)로 더 많이 알려져 있으며, 동서로 60여 km에 걸쳐 이어져 있습니다. 중간을 흐르는 샤오린허(少林河)를 경계로 타이스산(太室山), 샤오스산(少室山)으로 나뉘며, 각각 36개의 봉우리가 있습니다. 가장 높은 봉우리인 쥔지펑(峻极峰)은 해발 1,512m입니다.

09

주문, 식사하기

뭘 주문하시겠어요?

❓ 학습 목표

음식점 등에서 원하는 요리를 주문할 수 있고,
요리에 관한 자신의 의사를 말할 수 있습니다.

❗ 학습 포인트

① 请这边坐!
② 您点什么菜?
③ 我们要的菜还没来。
④ 你吃过北京烤鸭吗?

➕ 학습 Plus 자료

· **테마별 단어 카드** 음료와 간식
· **기초 문법** 명령문 만들기
· **중국문화 이모저모** 중국의 음식문화

이렇게 공부하세요

동영상 강의 보기

복습용 동영상 보기

기본 표현
한 번에 듣기

응용 회화 듣기

단어 암기하기

🎧 MP3 09-01

1

칭 저비엔 쭈어
Ⓐ 请这边坐!
Qǐng zhèbiān zuò.

이쪽으로 앉으세요.

씨에씨에 시엔 바 차이딴 게이 워
Ⓑ 谢谢，先把菜单给我。
Xièxie, xiān bǎ càidān gěi wǒ.

고마워요, 우선 메뉴판 좀 주세요.

把자문

동사를 강조하기 위해 '把 bǎ'를 사용해 목적어를 동사 앞으로 이동하여 사용하는 경우가 있습니다. 이를 '把자문'이라 합니다.

'주어+把+목적어+동사(술어)+기타 성분'의 형태로 쓰입니다. 이때 목적어는 반드시 말하는 사람이나 듣는 사람이 알고 있는 '특정한 것'이어야 하고, 동사는 '처치'나 '지배'의 의미를 갖는 타동사여야 합니다. 또한 동사 뒤에는 반드시 기타 성분이 와야 합니다.

- **把窗户打开吧。** 창문 좀 여세요.
  Bǎ chuānghu dǎkāi ba.
- **把门关上吧。** 문 좀 닫으세요.
  Bǎ mén guānshàng ba.

> **你给我菜单。** 당신 나에게 메뉴판을 주세요.
> Nǐ gěi wǒ càidān.
>
> 把자문 ➡ **你把菜单给我。** 당신 (바로 그) 메뉴판을 나에게 주세요.
> Nǐ bǎ càidān gěi wǒ.

이 둘은 뜻은 같지만 강조하고자 하는 바가 달라 뉘앙스에 차이가 있다는 거 아시겠지요?

'把자문'의 부정은 '把' 앞에 '没 méi / 不 bù'를 써서 표현하는데, '没(有) méi(yǒu)'는 '~에 대해 처치하지 않았다'라는 뜻이고, '不'를 쓸 때는 아직 처치할 준비가 안 되어 있어서 할 수 없음을 나타냅니다.

- **我没把你的自行车弄坏。** 나는 당신의 자전거를 고장내지 않았어요.
  Wǒ méi bǎ nǐ de zìxíngchē nòng huài.
- **我不能把这篇文章翻译成韩文。**
  Wǒ bù néng bǎ zhè piān wénzhāng fānyì chéng Hánwén.
  나는 이 문장을 한국어로 번역할 수 없어요.

장소를 나타내는 대명사

这边	那边	哪边
zhèbiān	nàbiān	nǎ biān
이쪽	저쪽, 그쪽	어느 쪽

给의 쓰임

'给 gěi'는 전치사로 쓰여 '~에게, ~에 대하여'라는 뜻으로 쓰이거나 동사로 '~에게 ~을 주다'라는 뜻으로 쓰입니다.

예 **我给他打电话。**
Wǒ gěi tā dǎ diànhuà.
내가 그에게 전화할게요.(전치사)

你给我钱。
Nǐ gěi wǒ qián.
당신이 저에게 돈을 주세요.(동사)

Shēngcí
生词 새단어

边 biān 명 주위, 근방, 쪽

先 xiān 명 앞, 전, 먼저

把 bǎ 전 ~으로, ~을 가지고

菜单 càidān 명 메뉴, 차림표

窗户 chuānghu 명 창문

打开 dǎkāi 통 열다, 풀다

门 mén 명 문, (출)입구

关上 guānshàng 통 닫다, 잠그다

自行车 zìxíngchē 명 자전거

弄 nòng 통 하다, 행하다

坏 huài 통 상하다, 고장나다

篇 piān 양 편, 장

文章 wénzhāng 명 문장

翻译 fānyì 통 번역하다, 통역하다

成 chéng 통 ~이 되다, 완성하다

韩文 Hánwén 명 한국어

2

니 디엔 션머 차이
A 您点什么菜?
Nín diǎn shénme cài?

어떤 음식을 주문하시겠어요?

워 야오 이 펀얼 껀 나 거 이양 더
B 我要一份儿跟那个一样的。
Wǒ yào yí fènr gēn nà ge yíyàng de.

저거랑 똑같은 걸로 하나 주세요.

点과 要의 쓰임

'点 diǎn'은 '음식을 시키다, 주문하다'라는 뜻입니다. '要 yào'를 써서 '您要
什么菜? Nín yào shénme cài?'라고 해도 의미는 같습니다.

전치사 跟

'跟 gēn'은 '~에게', '~와 함께'라는 전치사로 자주 쓰입니다.

- 妈妈跟我说。 엄마가 나에게 말했어요.
  Māma gēn wǒ shuō.
- 我想跟你一起去。 나는 당신과 함께 가고 싶어요.
  Wǒ xiǎng gēn nǐ yìqǐ qù.

그러나 비교문 'A+跟(和)+B+一样~'의 형태로 쓰이면 'A는 B와 똑같이
~하다'라는 뜻입니다. 부정은 '一样 yíyàng' 앞에 '不 bù'를 써줍니다.

- 他跟我一样高。 그는 나와 똑같이 크다. (키가 똑같다)
  Tā gēn wǒ yíyàng gāo.
- 他跟我不一样高。 그는 나와 키가 똑같지 않다.
  Tā gēn wǒ bù yíyàng gāo.

한턱 내다

'한턱 내다', '내가 쏜다'라는 말을 '请客
qǐngkè'라고 합니다. 반대로 '더치페이'는
'AA制 AAzhì'라고 합니다.

Shēngcí 生词 새단어

点 diǎn 동 주문하다
菜 cài 명 요리, 반찬
份 fèn 양 벌, 세트, 조각
一份儿 yí fènr 명 한 그릇, 1인분
跟 gēn 전 ~와, ~에게
一样 yíyàng 형 같다, 동일하다
的 de 조 ~한 것 (的자 구조를 통해 만듦)
请客 qǐngkè 동 접대하다, 한턱 내다
AA制 AAzhì 동 더치페이하다

채소

🎧 MP3 09-03

 茄子 가지
qiézi

 辣椒 고추, 피망
làjiāo

 胡萝卜 당근
húluóbo

  蒜 마늘
suàn

 萝卜 무
luóbo

 黄瓜 오이
huángguā

葱 파
cōng

 南瓜 호박
nánguā

 西红柿 토마토
xīhóngshì

기본 표현

🎧 MP3 09-04

3

워먼 야오 더 차이 하이 메이 라이
Ⓐ **我们要的菜还没来。**
Wǒmen yào de cài hái méi lái.

우리가 주문한 요리가 아직 나오지 않았어요.

뛔이부치 마상 나 라이
Ⓑ **对不起，马上拿来。**
Duìbuqǐ, mǎshàng ná lái.

죄송합니다. 곧 가져오겠습니다.

방향 보어

동사 뒤에 '来 lái', '去 qù'를 붙여서 동작의 방향을 보충해 설명하는 말을 방향 보어라고 합니다. 주로 움직임을 나타내는 上 shàng, 下 xià, 进 jìn, 出 chū, 回 huí, 过 guò, 跑 pǎo, 送 sòng, 走 zǒu, 拿 ná 등과 같이 쓰입니다. 동작이 말하는 사람 쪽으로 진행될 때는 '来'를, 말하는 사람으로부터 멀어질 때는 '去'를 씁니다.

上来/去 shàng lái/qù	올라오다/가다	下来/去 xià lái/qù	내려오다/가다
出来/去 chū lái/qù	나오다/나가다	进来/去 jìn lái/qù	들어오다/가다
过来/去 guò lái/qù	건너오다/가다	回来/去 huí lái/qù	돌아오다/가다
跑来/去 pǎo lái/qù	뛰어오다/가다	走来/去 zǒu lái/qù	걸어오다/가다

- **爸爸回来了。** 아버지가 돌아오셨어요.
  Bàba huí lái le.

- **老师进教室来了。** 선생님이 교실로 들어오셨어요.
  Lǎoshī jìn jiàoshì lái le.

사과의 표현

对不起 duìbuqǐ와 같은 의미로 抱歉 bàoqiàn을 쓸 수도 있는데, '抱歉'이 더 깊은 사과를 나타냅니다. 真 zhēn과 함께 씁니다.

🔊 **真抱歉。** 정말 죄송합니다.
Zhēn bàoqiàn.

술 관련 표현

红葡萄酒 hóngpútáojiǔ 레드와인
白葡萄酒 báipútáojiǔ 화이트와인
威士忌 wēishìjì 위스키
白兰地 báilándì 브랜디
鸡尾酒 jīwěijiǔ 칵테일
啤酒 píjiǔ 맥주
加冰 jiā bīng 온더록(얼음을 넣음)
加水 jiā shuǐ 물을 섞음
不加冰水 bù jiā bīngshuǐ 스트레이트

Shēngcí
生词 새단어

还 hái ꁹ 여전히, 아직도, 더, 게다가
马上 mǎshàng ꁹ 곧, 즉시
教室 jiàoshì ꁺ 교실
抱歉 bàoqiàn ꁻ 미안해하다, 죄송해하다
真 zhēn ꁹ 확실히, 진정으로, 정말로

4

니 츠구어 베이징 카오야 마
Ⓐ 你吃过北京烤鸭吗?
Nǐ chīguo Běijīng kǎoyā ma?

베이징 카오야 먹어 봤어요?

하이 메이 츠구어
Ⓑ 还没吃过。
Hái méi chīguo.

아직 못 먹어 봤어요.

동태 조사 过의 쓰임

어떤 일을 해본 적이 있다고 말할 때는 동사 뒤에 동태 조사 '过 guo'를 붙입니다. '过'는 과거의 경험을 나타내며, 구체적으로 몇 번 했었는지를 말할 때는 동작의 횟수를 나타내는 동량사를 동반합니다.

- **我去过一次上海。** 저는 상하이에 <u>한 번 가본 적이</u> 있어요.
  Wǒ qùguo yí cì Shànghǎi.

- **这部电影我看过三遍。** 저는 이 영화를 <u>세 번 봤어요.</u>
  Zhè bù diànyǐng wǒ kànguo sān biàn.

또 목적어가 인칭 대명사일 경우는 동량사 앞에 목적어를 씁니다. 동량사는 '수사+동량사'로 이루어지는데, '次 cì'가 가장 많이 쓰이고, '遍 biàn'은 주로 영화나 말, 책, 음악 등에 씁니다.

- **妈妈见过他一次。** 엄마는 그를 <u>한 번</u> 본 적이 있어요.
  Māma jiànguo tā yí cì.

부정은 동사 앞에 '(还)没 (hái)méi'를 붙여, '주어+(还)没+동사+过'의 형태로 씁니다.

- **我没见过她。** 나는 그녀를 본 적이 <u>없어요.</u>
  Wǒ méi jiànguo tā.

- **我还没吃过烤鸭。** 나는 <u>아직</u> 오리구이를 먹어보지 <u>못했어요.</u>
  Wǒ hái méi chīguo kǎoyā.

이때 의문문은 문장 맨 뒤에 '吗 ma'를 붙이는 거 외에 '没有 méiyǒu'를 붙여도 됩니다.

- **你吃过北京烤鸭没有?** 베이징 카오야 <u>먹어봤어요?</u>
  Nǐ chīguo Běijīng kǎoyā méi yǒu?

음식물 외래어 표현

咖啡 kāfēi 커피
巧克力 qiǎokèlì 초콜릿
冰淇淋 bīngqílín 아이스크림
(= 冰激凌 bīngjì líng)
可可 kěkě 코코아
雪碧 xuěbì 스프라이트
可口可乐 kěkǒukělè 코카콜라
牛排 niúpái 스테이크
比萨饼 bǐsàbǐng 피자
三明治 sānmíngzhì 샌드위치
色拉 sèlā 샐러드
(= 沙拉 shālā)
蛋包饭 dànbāofàn 오므라이스

Shēngcí
生词 새단어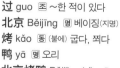

过 guo 조 ~한 적이 있다
北京 Běijīng 명 베이징(지명)
烤 kǎo 동 (불에) 굽다, 쬐다
鸭 yā 명 오리
北京烤鸭 Běijīng kǎoyā
　　　명 베이징 오리구이
次 cì 양 번
部 bù 양 부, 편
　　(서적이나 영화 편수 등을 세는 양사)
电影 diànyǐng 명 영화
遍 biàn 양 번, 차례
　　(한 동작의 처음부터 끝까지의 전 과정을 가리킴)

欢迎光临，请这边坐！
Huānyíng guānglín, qǐng zhèbiān zuò!

谢谢，先把菜单给我们。
Xièxie, xiān bǎ càidān gěi wǒmen.

你现在饿吗？
Nǐ xiànzài è ma?

我饿极了。
Wǒ è jí le.

你吃过北京烤鸭吗？
Nǐ chīguo Běijīng kǎoyā ma?

还没吃过。味道怎么样？
Hái méi chīguo. Wèidao zěnmeyàng?

真好吃，又香又脆。
Zhēn hǎochī, yòu xiāng yòu cuì.

您点什么菜？
Nín diǎn shénme cài?

我们先要半只烤鸭，再来一瓶啤酒。
Wǒmen xiān yào bàn zhī kǎoyā, zài lái yì píng píjiǔ.

점원	어서 오세요, 이쪽으로 앉으세요.
나나	고마워요, 먼저 메뉴판 좀 주세요.
왕밍	지금 배 고파요?
나나	배고파 죽을 지경이에요.
왕밍	베이징 카오야 먹어 봤어요?
나나	아직 못 먹어 봤어요. 맛이 어때요?
왕밍	정말 맛있어요. 향긋하기도 하고 바삭하기도 하고.
점원	어떤 요리를 주문하시겠어요?
나나	먼저 카오야 반 마리 주시고요, 맥주 한 병도 가져다주세요.

> **又…又 의 표현**
> '又…又 yòu … yòu'는 '~하기도 하고, ~하기도 하다'라는 뜻으로 앞뒤 구분 없이 몇 가지 동작이나 상황이 동시에 있음을 나타냅니다.
>
> 예 今天又累又忙。　오늘은 피곤하기도 하고, 바쁘기도 합니다.
> Jīntiān yòu lèi yòu máng.
>
> 　她是又聪明又漂亮。　그녀는 총명하기도 하고, 예쁘기도 합니다.
> 　Tā shì yòu cōngming yòu piàoliang.

Shēngcí
生词 새단어

饿 è 형 배고프다
怎么样 zěnmeyàng 대 어떠한가?
脆 cuì 형 바삭바삭하다, 아삭아삭하다
聪明 cōngming 형 똑똑하다

极 jí 동 다하다, 정점에 이르다
好吃 hǎochī 형 맛있다
来 lái 동 하다(의미가 구체적인 동사를 대신함)
漂亮 piàoliang 형 예쁘다

味道 wèidao 명 맛, 흥미, 냄새
香 xiāng 형 향기롭다, 맛있다
瓶 píng 양 병(병을 세는 단위)

1 단어를 듣고 병음이나 중국어로 써 보세요. 🎧 MP3 09-07

① _____

② _____

③ _____

④ _____

2 그림을 보고 대화를 완성해 보세요.

A 您点什么菜?

Nín diǎn shénme cài?

B 我要_____。

Wǒ yào _____ .

* 오므라이스 蛋包饭 dànbāofàn
* 볶음밥 炒饭 chǎofàn

A 你吃过烤肉吗?

Nǐ chī guò kǎoròu ma?

B 我吃过_____。

Wǒ chīguo _____ .

* 불고기 烤肉 kǎoròu

3 다음 문장을 중국어나 병음으로 써 보세요.

① 이쪽으로 앉으세요.

_____

② 아직 못 먹어 봤어요.

_____

콜라

컬러
可乐
kělè

커피

카페이
咖啡
kāfēi

차

차
茶
chá

우유

니우나이
牛奶
niúnǎi

맥주

피지우
啤酒
píjiǔ

식빵

미엔빠오
面包
miànbāo

피자

삐사삥
比萨饼
bǐsàbǐng

아이스크림

삥치린
冰淇淋
bīngqílín

케이크

딴까오
蛋糕
dàngāo

◎ 吧 명령문

'～하자', '～해라'라는 뜻으로, 문장 끝에 씁니다.

꼭 명령이 아니라 제안이나 권유, 독촉의 의미가 있기도 합니다.

你快上车吧!   빨리 차를 타래! (명령)
Nǐ kuài shàng chē ba!

一起去吧!   함께 가자! (청유)
Yìqǐ qù ba!

吧는 문장 끝에 쓰여 자신의 추측에 대해 상대방의 확인을 구하는 말투로도 쓰입니다.

你是学生吧?   학생이시죠?
Nǐ shì xuésheng ba?

◎ 请 명령문

'～하세요', '～해주세요'라는 뜻으로, 문두에 쓰며, 부탁하는 의미도 있습니다.

请坐!   앉으세요!
Qǐng zuò!

请喝茶!   차 드세요.
Qǐng hē chá!

◎ (你)＋동사＋(목적어) 명령문

보통 주어 '你'를 생략해서 씁니다.

吃饭!   밥 먹어!
Chī fàn!

给我!   나에게 줘!
Gěi wǒ!

◎ 不要/别 명령문

'～하지 마'라는 뜻으로, 동사 앞에 씁니다.

(你)不要(＝别)抽烟!   담배 피우지 마!
(Nǐ) búyào (＝ bié) chōuyān!

(你)不要(＝别)喝酒!   술 마시지 마!
(Nǐ) búyào (＝ bié) hē jiǔ!

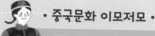

중국의 음식 문화

중국에는 요리의 종류가 너무 많아 백 가지 요리에 백 가지 맛이 난다는 얘기가 있다. 또한 육지의기차, 바다의 배, 날아가는 비행기를 빼고는 못 먹는 것이 없다고 할 만큼 중국요리는 무궁무진하다. 그러나 외국인들에게는 이런 요리를 먹는 것이 모험과 같으니, 몇 가지 음식 이름을 익혀두면 즐거운 식사 시간이 될 것이다.

중국음식에는 샹차이(香菜)라는 야채가 많이 들어가는데, 한국인들은 이 냄새가 역해서 먹지 못하는 경우가 많으니 "부야오샹차이(不要香菜)"라고 하면 이 채소를 빼고 조리해준다.

중국요리 메뉴판을 보면 대개가 전채요리[凉菜] – 따뜻한 요리[热菜] – 탕류[汤类] – 주식[主食] – 음료[饮料] 순으로 되어 있다. 중국인들과 함께 식사를 하다 보면 이들은 요리 또한 짝수의 가짓수로 시키는 것을 볼 수 있다.

보통 한국인의 입맛에 잘 맞는 중국요리를 알아보자.

★ **꿍바오지딩**(宫爆鸡丁) 닭고기와 여러 가지 야채를 잘게 깍둑 썰기해서 볶아낸 요리

★ **위샹로우쓰**(鱼香肉丝) 돼지고기를 채썰고 버섯, 죽순, 피망 등을 함께 볶은 요리

★ **징쟝로우쓰**(京酱肉丝) 채썬 돼지고기를 춘장에 볶아 채썬 파와 함께 얇은 밀가루 전병에 싸 먹는 요리

★ **샹구요우차이**(香菇油菜) 표고버섯과 청경채를 담백하게 볶은 요리

★ **탕추리지**(糖醋里脊) 탕수육

★ **마퍼또우푸**(麻婆豆腐) 마파두부

★ **훙샤오치에즈**(红烧茄子) 가지에 돼지고기, 파, 생강 등을 넣고 붉게 볶은 요리

★ **칭차오시아런**(清炒虾仁) 새우살을 담백하게 볶아 낸 요리

★ **훠궈**(火锅) 샤브샤브

★ **카오야**(烤鸭) 오리구이

★ **판치에지단탕**(番茄鸡蛋汤)/ **시훙스지단탕**(西红柿鸡蛋汤) 토마토계란탕

★ **딴차오미판**(蛋炒米饭)/ **차오판**(炒饭) 계란볶음밥

10

길 묻기

정류장이 어디예요?

❓ 학습 목표

교통 기관의 정류장은 물론 가고자 하는 곳의 위치 및 거리 등을 묻고 답할 수 있습니다.

❗ 학습 포인트

① 公共汽车站在哪儿?
② 公共汽车站怎么走?
③ 离这儿远不远?
④ 从这儿到车站要多长时间?

➕ 학습 Plus 자료

- 테마별 단어 카드 주변의 건물
- 기초 문법 방위사
- 중국문화 이모저모 중국의 4대 요리

이렇게 공부하세요

➡

동영상 강의 보기

복습용 동영상 보기

기본 표현
한 번에 듣기

응용 회화 듣기

단어 암기하기

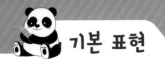

기본 표현

 MP3 10-01

1

A 꽁꽁치처 짠 짜이 날

公共汽车站在哪儿?
Gōnggòngqìchē zhàn zài nǎr?

버스 정류장이 어디에 있나요?

B 꽁꽁치처 짠 짜이 마루 팡비얼

公共汽车站在马路旁边儿。
Gōnggòngqìchē zhàn zài mǎlù pángbiānr.

버스 정류장은 큰길 옆에 있어요.

장소를 강조하는 在

'在 zài'는 존재를 나타내며, 장소를 강조해서 말할 때 씁니다.

'公共汽车站在哪儿?'은 '公共汽车站在什么地方? Gōnggòng qìchēzhàn zài shénme dìfang?'이라고 해도 같은 뜻입니다.

중국의 도로명

중국에서는 길을 찾을 때 도로명을 알고 있으면 손쉽게 길을 찾을 수 있습니다. 중국 도로명은 일반적으로 '道 dào', '路 lù', '街 jiē' 등이 있습니다. 그 구분은 보통 길이 난 방향과 도로의 크기 등에 의해 결정됩니다.

道 dào		• 도시의 주요 간선 도로나 국도로 연결되는 도로
路 lù		• 남북을 잇는 도로 • 폭 30m 이상 / 길이 1,000m 이상 • 보행 거리, 차도가 있음
街 jiē		• 동서를 잇는 도로 • 폭 15m~30m / 길이 1,000m 이하 • 보행 거리, 차도가 있음 • 길가에 건물(상점, 빌딩 등)이 있는 도로
巷 xiàng	弄 lòng	胡同 hútòng
		• 폭 15m 이하

走와 去

'走 zǒu'나 '去 qù'는 우리 말로는 둘 다 '가다'이지만 중국어에서는, '去 qù'는 어디로 향해서 가는 것을 말하고, '走 zǒu'는 걷는 동작 자체를 말합니다. 그래서 목적지를 말할 때는 '去 qù'만 쓸 수 있습니다.

예 我去学校。　나는 학교에 갑니다.
Wǒ qù xuéxiào.

我走学校。(×)

Shēngcí
生词 새단어

公共汽车 gōnggòngqìchē 몡 버스
站 zhàn 몡 정류장, 역
马路 mǎlù 몡 대로, 찻길
旁边 pángbiān 몡 옆, 곁
地方 dìfang 몡 장소, 곳

2

A 꽁꽁치처 짠 쩐머 저우
公共汽车站怎么走?
Gōnggòngqìchē zhàn zěnme zǒu?

버스 정류장은 어떻게 가지요?

B 왕 이우 꽈이 꾸어 스즈루커우 찌어우 따오
往右拐，过十字路口就到。
Wǎng yòu guǎi, guò shízìlùkǒu jiù dào.

오른쪽으로 도셔서 사거리를 지나면 바로예요.

방향을 나타내는 往

'往 wǎng'은 '~쪽으로'라는 뜻이며, 방향을 나타냅니다. '向 xiàng'과 같은
뜻입니다.

一直往前走。
Yìzhí wǎng qián zǒu.
쭉 앞(쪽)으로 가세요

饭店是一直往前走，
Fàndiàn shì yìzhí wǎng qián zǒu,
호텔은 앞으로 쭉 가시다가,

**在第一个十字路口向左拐
就是了。**
zài dì yíge shízìlùkǒu xiàng zuǒ guǎi
jiù shì le.
첫 번째 사거리에서 왼쪽으로 돌면 바로
거기 있어요.

火车站在中国银行对面。
Huǒchēzhàn zài Zhōngguó yínháng
duìmiàn.
기차역은 중국은행 맞은편에 있어요.

公共汽车站在饭店对面。
Gōnggòngqìchē zhàn zài fàndiàn duìmiàn.
버스 정류장은 호텔 맞은편에 있어요.

中国银行是一直往前走，
Zhōngguó yínháng shì yìzhí wǎng qián zǒu,
중국은행은 앞으로 쭉 가시다가,

在第二个十字路口向右拐就是了。
zài dì èr ge shízìlùkǒu xiàng yòu guǎi jiù shì le.
두 번째 사거리에서 오른쪽으로 돌면 바로 거기 있어요.

中国银行离火车站不远。
Zhōngguó yínháng lí huǒchēzhàn bú yuǎn.
중국은행은 기차역에서 멀지 않아요.

의문 대명사 怎么

'怎么 zěnme'는 방법이나 이유를 물을
때 씁니다.

예 **怎么走?**
Zěnme zǒu?
어떻게 가지요? (방법)

怎么卖?
Zěnme mài?
어떻게 팔지요? (방법)

你怎么不去呢?
Nǐ zěnme bú qù ne?
당신은 어째서 안 가나요? (이유)

Shēngcí
生词 새단어

往 wǎng 젠 ~쪽으로, ~을 향해
右 yòu 명 우측, 오른쪽
拐 guǎi 통 방향을 바꾸다, 꺾어 돌다
十字路口 shízìlùkǒu 명 사거리
就 jiù 부 곧, 즉시, 바로
到 dào 통 도달하다, 도착하다
向 xiàng 젠 ~에게, ~를 향하여
一直 yìzhí 부 곧장, 줄곧
前 qián 명 앞, 정면
饭店 fàndiàn 명 호텔, 대형 식당
左 zuǒ 명 좌측, 왼쪽
火车 huǒchē 명 기차
中国银行 Zhōngguó yínháng
　　　　　명 중국은행
对面 duìmiàn 명 맞은편, 건너편
离 lí 젠 ~에서, ~로부터

🎧 MP3 10-03

3

A 리 쩌얼 **위**엔 부위엔
离这儿远不远?
Lí zhèr yuǎn buyuǎn?

여기에서 먼가요?

B 페이창 **위**엔 니 데이 쭈어 꽁꽁치처 **취**
非常远，你得坐公共汽车去。
Fēicháng yuǎn, nǐ děi zuò gōnggòngqìchē qù.

매우 멀어요. 버스 타고 가야 해요.

离의 쓰임

'离 lí'는 '~에서부터'의 뜻으로, 공간적, 시간적 거리를 나타낼 때 기준이 되는 시간, 장소 앞에 쓰입니다.

'离'는 보통 거리를 나타내며, 뒤에 '远 yuǎn'이나 '近 jìn'이 따라 오거나 구체적인 수를 나타내는 표현이 옵니다. '离' 뒤에 오는 명사가 기준점입니다.

- **我家离学校很近。** 우리 집은 학교에서 가깝습니다.
  Wǒ jiā lí xuéxiào hěn jìn.

- **我家离学校有五百米。** 우리 집은 학교에서 500미터 떨어져 있습니다.
  Wǒ jiā lí xuéxiào yǒu wǔbǎi mǐ.

很이 있는 형용사 술어문의 부정

'주어+很(기타 정도 부사)+형용사' 형태의 형용사 술어문의 부정은 '很 hěn' 또는 기타 정도 부사 대신 '不 bù / 不太 bú tài'를 써서 표현합니다.

- **这个很贵。** 이것은 비싸요.
  Zhè ge hěn guì.

- **这个不贵。** 이것은 비싸지 않아요.
  Zhè ge bú guì.

- **我很忙。** 나는 바쁩니다.
  Wǒ hěn máng.

- **我不太忙。** 나는 그리 바쁘지 않습니다.
  Wǒ bú tài máng.

非常의 쓰임

'非常 fēicháng'처럼 형용사 앞에서 '很 hěn' 외에 다른 정도 부사를 붙일 때는 해석을 해줘야 합니다.

例 **我妈妈非常忙。**
Wǒ māma fēicháng máng.
우리 엄마는 매우 바쁘십니다.

중첩 사이의 不

'远不远 yuǎn buyuǎn'에서 '不 bù'는 경성으로 발음하며, '远 ∨ 不远'처럼 띄어 읽습니다.

Shēngcí
生词 새단어

非常 fēicháng 📑 대단히, 매우
得 děi 📑 ~해야 한다
坐 zuò 📑 (교통 도구를) 타다
近 jìn 📑 가깝다
米 mǐ 📑 미터(meter)
不太 bútài 📑 그다지 ~하지 않다

4

총 쩌얼 따오 처짠 야오 뚜어창 스지엔
A 从这儿到车站要多长时间?
Cóng zhèr dào chēzhàn yào duōcháng shíjiān?

여기서 정류장까지 얼마나 걸려요?

따까이 얼스 펀중 쭈어여우
B 大概二十分钟左右。
Dàgài èrshí fēnzhōng zuǒyòu.

아마도 20분 정도 걸릴 거예요.

'二'과 '两'의 비교

양사 앞에서는 '两 liǎng'을 씁니다. 단, '米 mǐ 미터(m)'에는 '二 èr'도 쓸 수 있습니다.

- **两本书** 두 권
  liǎng běn shū

- **两个人** 두 사람
  liǎng ge rén

- **两公斤** 2kg
  liǎng gōngjīn

- **两米 ＝ 二米** 2m
  liǎng mǐ　　èr mǐ

서수, 분수, 소수 또는 순서를 나타낼 때는 '二'을 씁니다.
그리고 단순히 수를 세거나 두 자리 이상인 수의 끝자리 또한 '二'을 씁니다.

- **第二课** 제2과
  dì èr kè

- **二号** 2호
  èr hào

- **十二** 12
  shí'èr

- **二分之一** 1/2
  èr fēnzhī yī

- **二点二** 2.2
  èr diǎn èr

从 ~ 到의 쓰임 ✏️

'从 cóng ~ 到 dào'는 '~에서 ~까지' 라는 뜻이며, 시간이나 장소 두 가지 다 나타낼 수 있습니다.

🔊 从这儿到机场要多长时间?
Cóng zhèr dào jīchǎng yào duōcháng shíjiān?
여기에서 공항까지 얼마나 걸려요?

从一点到三点有课。
Cóng yì diǎn dào sāndiǎn yǒu kè.
1시부터 3시까지 수업이 있어요.

Shēngcí
生词 새단어 📄

从 cóng [전] ~부터
到 dào [동] ~까지 오다
车站 chēzhàn [명] 정류장
大概 dàgài [부] 아마(도), 대개
分钟 fēnzhōng [명] 분(시간 단위)
左右 zuǒyòu [명] 가량, 내외, ~쯤
分之 fēnzhī ~분의(분수 단위)
点 diǎn [명] (소수의) 점
机场 jīchǎng [명] 공항

公共汽车站在哪儿?
Gōnggòngqìchē zhàn zài nǎr?

对不起，我不知道。
Duìbuqǐ, wǒ bù zhīdào.

那么，地铁站在哪儿?
Nàme, dìtiě zhàn zài nǎr?

地铁站在马路旁边儿。
Dìtiě zhàn zài mǎlù pángbiānr.

地铁站怎么走?
Dìtiě zhàn zěnme zǒu?

往右拐，过十字路口就到。
Wǎng yòu guǎi, guò shízìlùkǒu jiù dào.

地铁站离这儿远不远?
Dìtiě zhàn lí zhèr yuǎn buyuǎn?

不太远，你可以走。
Bú tài yuǎn, nǐ kěyǐ zǒu.

왕밍	버스 정류장은 어디에 있어요?
여자	죄송해요, 잘 모르겠는데요.
왕밍	그럼, 지하철역은 어디에 있어요?
여자	지하철역은 큰길 옆에 있어요.
왕밍	지하철역은 어떻게 가요?
여자	오른쪽으로 도셔서 사거리를 지나면 바로예요.
왕밍	지하철역은 여기서 먼가요?
여자	그리 멀지 않아요, 걸어갈 수 있어요.

认识와 知道의 비교

둘 다 뒤에 목적어로 사람, 장소(길), 사물 등이 올 수 있지만, 목적어로 사람이 오는 경우, '认识 rènshi'는 서로 인사를 해서 아는 경우를 말합니다. 반면 '知道 zhīdào'는 그 목적어에 대해 어떤 정보나 지식을 알고 있다는 어감을 갖습니다.

예 我认识路。　나는 길을 잘 안다. (가본 적이 있어서)
　　Wǒ rènshi lù.

　　我知道他是什么人。　나는 그가 어떤 사람인지 안다.
　　Wǒ zhīdào tā shì shén me rén.

Shēngcí
生词 새단어

地铁 dìtiě 圆 지하철
知道 zhīdào 통 알다, 이해하다

可以 kěyǐ 통 할 수 있다, 가능하다
路 lù 圆 길, 도로, 노정

认识 rènshí 통 알다, 인식하다

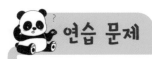 연습 문제

1 단어를 듣고 병음이나 중국어로 써 보세요. 🎧 MP3 10-06

① _____   **②** _____

③ _____   **④** _____

2 그림을 보고 질문에 대답해 보세요.

① 你们公司后边有什么? _____
Nǐmen gōngsī hòubiān yǒu shénme?

② 你们公司右边有什么? _____
Nǐmen gōngsī yòubiān yǒu shénme?

③ 你们公司楼下有什么? _____
Nǐmen gōngsī lóuxià yǒu shénme?

公司 gōngsī	회사, 직장
楼下 lóuxià	아래층, 건물 아래
网吧 wǎngbā	피시방
咖啡厅 kāfēitīng	커피숍, 카페

3 다음 문장을 중국어로 써 보세요.

① 버스 정류장은 어디에 있어요?

_____

② 버스 정류장은 어떻게 가나요?

_____

학교

쉬에시아오
学校
xuéxiào

회사

꽁쓰
公司
gōngsī

슈퍼마켓

챠오스
超市
chāoshì

도서관

투슈관
图书馆
túshūguǎn

은행

인항
银行
yínháng

공원

꽁위엔
公园
gōngyuán

병원

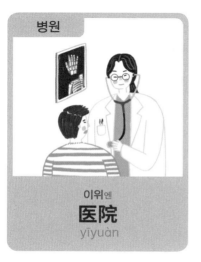

이위엔
医院
yīyuàn

우체국

여우쥐
邮局
yóujú

패스트푸드점

콰이찬팅
快餐厅
kuàicāntīng

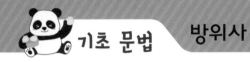
대개 한 글자로 된 방위사는 단독으로는 쓰지 않고,
상반된 의미를 가진 두 개의 방위사가 전후 대칭을 이루는 경우가 많습니다.

一前一后　앞뒤로
yì qián yí hòu

天南海北　여기저기에서
tiān nán hǎi běi

주로 한 글자로 된 방위사는 대부분 명사 뒤에 놓여 장소를 나타냅니다.

桌子上有一本书。　탁자 위에 책이 한 권 있습니다.
Zhuōzi shàng yǒu yì běn shū.

중국어에서 상용 방위사는 '〜边', '〜面', '〜头' 등과 결합하여 합성 방위사를 만듭니다.

방위사		상용 합성 방위사		
前 qián	앞	前边	前面	前头
后 hòu	뒤	后边	后面	后头
上 shàng	위	上边	上面	上头
下 xià	아래	下边	下面	下头
左 zuǒ	왼쪽	左边	左面	
右 yòu	오른쪽	右边	右面	
里 lǐ	안	里边	里面	里头
外 wài	밖	外边	外面	外头
东 dōng	동	东边	东面	东头
南 nán	남	南边	南面	南头
西 xī	서	西边	西面	西头
北 běi	북	北边	北面	北头

* '右'와 '左'에는 '〜头'를 붙이지 않습니다.

중국의 4대 요리

중국에는 지역에 따라 4대 요리, 8대 요리, 10대 요리로, 중국 음식 문화를 대표하고 있다. 중국은 땅이 넓어서 각 지역의 자연환경과 사람들의 생활 습관, 음식의 재료 등의 차이로 인해 지역별로 특색 있는 요리 문화가 형성되었다.

4대 요리는 '四大菜系(Sìdàcàixì)'라고도 하며, 이것은 산동(山东), 강소(江苏), 사천(四川), 광동(广东)의 요리를 말한다.

8대 요리는 4대 요리에 절강(浙江), 안휘(安徽), 호남(湖南), 복건(福建)의 4대 요리를 더한 것이다.

10대 요리는 8대 요리에 북경(北京), 상해(上海), 두 지역의 요리를 더한 것이다.

중국 4대 요리에 대해 살펴보자.

1. **산동성 요리** 　노채(鲁菜)라고도 하며, 그 특징으로는 재료 취급이 광범위하여 산과 바다의 진귀한 산물과 과일이나 야채 등을 모두 요리에 사용한다. 또한 맛을 진하거나 순하게 하여 복합적인 맛은 거의 나지 않는다. 파의 향으로 맛을 조절한다.

2. **사천성 요리** 　옛날 파나라와 촉나라에서 발원하였으며 명□청나라 때 고추가 들어오면서 매운맛과 함께 특색 있는 모양이 어우러지며 주변 지역에까지 영향을 주었다. 재료를 광범위하게 사용하며, 그 맛과 형태, 종류가 다양하다.

3. **강소성 요리** 　강소(江苏) 지방의 음식으로, 재료 선택이 엄격하여 요리가 신선한 것이 특징이다. 　또한 원래의 즙과 원래의 맛 그대로, 한 가지 요리에 한 가지 맛을 고집하여 담백하고 순수한 맛을 내는 것이 그 특징이다.

4. **광동성 요리** 　월채(粤菜)라고도 하는데 음식의 데코레이션이 화려하고 아름답다. 주변 지역의 다양한 음식들이 광동 지역으로 들어와 서로 잘 조화를 이루는 것이 장점이다. 재료를 광범위하게 사용하여 변화 무쌍하고 요리 변형이 다양하다. 요리는 주로 세트로 나오며 맛은 시고, 쓰고, 맵고, 고소하고, 바삭하고 담백하며 향이 좋고, 진한 맛을 낸다. 특히, 광동식 간식은 다른 지방에 비해 재료 선택을 더욱 엄격히 하며, 모양 내는 것을 중요시한다.

11

무엇을
타고 가나요?

? 학습 목표

사용하는 교통수단을 말할 수 있고,
그것을 이용하는 방법과 시간 등을 말할 수 있습니다.

! 학습 포인트

① 你坐什么车去?
② 我要坐几路车?
③ 可以。请上车吧。
④ 咱们好像走错了。

✚ 학습 Plus 자료

· **테마별 단어 카드** 교통수단
· **기초 문법** 전치사
· **중국문화 이모저모** 중국의 4대 정원

이렇게 공부하세요 ─────────

동영상 강의 보기　　　　　복습용 동영상 보기

기본 표현　　　응용 회화 듣기　　　단어 암기하기
한 번에 듣기

🎧 MP3 11-01

1

Ⓐ 니 쭈어 션머 처 취
你坐什么车去?
Nǐ zuò shénme chē qù?

뭘 타고 가시죠?

Ⓑ 워 쭈어 꽁꽁치처 (취)
我坐公共汽车(去)。
Wǒ zuò gōnggòngqìchē (qù).

저는 버스를 타고 갑니다.

교통수단에 따른 동사

교통수단에 따라 '타다'라는 의미의 동사가 달라집니다.

버스, 기차, 택시, 비행기 등 일반적인 교통수단을 탈 때는 '坐 zuò'를 씁니다.

● **我坐公共汽车去。** 나는 버스를 타고 갑니다.
　Wǒ zuò gōnggòngqìchē qù.

자전거, 오토바이, 말 등과 같이 다리를 벌리고 걸터앉는 교통수단에는 '骑 qí'를 씁니다.

● **他骑自行车上班。** 그는 자전거를 타고 출근을 합니다.
　Tā qí zìxíngchē shàngbān.

반면, 자동차 등을 직접 운전할 때는 '开 kāi'를 씁니다.

● **我不会开车。** 나는 운전을 못 합니다.
　Wǒ bú huì kāi chē.

연동문

주어 하나에 동사가 연이어 나오면서 특정 관계를 갖는 문장을 '연동문'이라 합니다. 즉, 어떤 방법과 수단을 통해 하는지를 앞의 동사가 알려주고 있는 것이죠.

● **我坐地铁去。** 나는 지하철을 <u>타고 가요</u>.
　Wǒ zuò dìtiě qù.

● **我用汉语说。** 나는 중국어로 <u>말해요</u>.
　Wǒ yòng Hànyǔ shuō.

버스의 다양한 명칭

버스를 표현할 때 '公共汽车 gōnggōngqìchē' 외에도 '公交车 gōngjiāochē', '巴士 bāshì'라고 말하기도 합니다. 그리고 우리나라의 시외 버스와 같은 장거리 버스는 '长途汽车 chángtúqìchē'라고 부릅니다.

Shēngcí
生词 새단어 📄

车 chē 몡 자동차, 마차
　　　　(바퀴 달린 육상 운송 수단의 총칭)

骑 qí 통 (동물이나 자전거 등에) 타다

开 kāi 통 운전하다, 조종하다

会 huì 통 (배워서) ~할 줄 알다, 할 수 있다

用 yòng 통 쓰다, 사용하다

公交车 gōngjiāochē 몡 버스

巴士 bāshì 몡 버스

长途 chángtú 혱 장거리의, 먼거리의

汽车 qìchē 몡 자동차

2

워 야오 쭈어 지 루 처
A 我要坐几路车?
Wǒ yào zuò jǐ lù chē?

저는 몇 번 버스를 타야 하나요?

니 야오 쭈어 지어스(루)
B 你要坐90(路)。
Nǐ yào zuò jiǔshí(lù).

90번을 타야 해요.

要의 쓰임

'要 yào'는 '마땅히 ~해야 한다'라는 당위의 뜻입니다.

● **你要小心。**   당신은 조심해야 해요.
Nǐ yào xiǎoxīn.

'要'는 이 외에도 여러 가지 의미로 쓰입니다.

● '~하려고 하다, ~하고야 말겠다'는 염원이나 굳은 의지를 나타냅니다.
我要学汉语。   나는 중국어를 배우려고 합니다.
Wǒ yào xué Hànyǔ.

● '필요하다, 바라다, 요구하다' 등의 동사로 쓰입니다.
他要我去一下。   그가 내게 한 번 와 달라고 하네요.
Tā yào wǒ qù yíxià.

● 문장 끝에 오는 '了 le'와 함께 '막 ~하려 하다, ~할 것이다'의 가능이나 추측을 나타내는 데 쓰입니다.
要下雨了。   비가 오려고 해요.
Yào xiàyǔ le.

'要' 대신 '得 děi'를 쓸 수도 있습니다. 이 또한 '~해야 한다'라는 뜻입니다.

你得坐公共汽车去。   당신은 버스를 타고 가야 해요.
Nǐ děi zuò gōnggòngqìchē qù.

중국에서 버스를 이용할 때

중국의 시내버스는 일반적으로 냉난방 여부에 따라 요금이 1元~3元까지 차이가 납니다. 냉난방이 되는 버스에는 '空调 kōngtiáo'라고 적혀 있습니다. 내릴 때에는 보통 역마다 정차를 하는 것이 기본이지만, 하차문 앞에 사람이 없으면 기사분이 묻기도 합니다. 그럴 땐 재빨리 대답을 해야겠지요?

 有没有下车的(人)?
Yǒu méiyǒu xià chē de (rén)?
내릴 분 있어요?

= 有下吗? Yǒu xià ma?

= 下吗? Xià ma?

下车!   내립니다!
Xià chē!

Shēngcí
生词 새단어 📄

要 yào 툉 마땅히 ~해야 한다
路 lù 몡 (교통 수단의) 노선
小心 xiǎoxīn 툉 조심하다, 주의하다
下 xià 툉 떨어지다, 내리다
雨 yǔ 몡 비
下雨 xiàyǔ 툉 비가 오다
发票 fāpiào 몡 영수증

🎧 MP3 11-03

3

A 워 취 티엔탄 꽁위엔 커이 마
我去天坛公园，可以吗? 천단공원으로 가려고 하는데, 갑니까?
Wǒ qù Tiāntán gōngyuán, kěyǐ ma?

B 커이 칭 샹 처 바
可以。请上车吧。 갑니다. 타세요.
Kěyǐ. Qǐng shàng chē ba.

가능 여부, 동의를 구하는 표현

'可以吗? kěyǐ ma?'는 앞 문장에 대한 가능 여부를 묻는 표현입니다. 이때 대답은 '可以 kěyǐ / 不可以 bù kěyǐ'로 하면 됩니다.

이 외에 두 개로 구분된 문장 중 뒤에 쓰여, 앞 문장 내용에 대한 동의를 묻는 표현들이 몇 개 더 있습니다.

● ~, 好吗(=好不好)? 좋습니까?
   ~, hǎo ma(= hǎo buhǎo)?

● ~, 是吗(=是不是)? 그런가요?
   ~, shì ma(= shì bushì)?

● ~, 对吗(=对不对)? 맞아요?
   ~, duì ma(= duì buduì)?

● ~, 可以吗(=可不可以)? 가능한가요?
   ~, kěyǐ ma(= kě bukěyǐ)?

차를 타다/내리다

'차를 타다, 차에 오르다'는 '上车 shàng chē'라고 하고, 반대로 '차를 내리다'라고 할 때는 '下车 xià chē'라고 합니다. 특별히 '택시를 타다'라는 말은 별도로 '打的 dǎdī / 打车 dǎ chē'라고 표현할 수 있습니다.

중국에서 택시를 이용할 때

타기 전에 먼저 행선지를 말하고, 그곳까지 갈 수 있는지를 먼저 확인하는 것이 좋아요. 중국어가 서툰 경우는 주소를 적은 메모지를 보여주는 것도 좋은 방법입니다. 또 만일의 경우를 대비해 '发票 fāpiào(영수증)'를 받아두는 것이 좋습니다. 영수증을 '끊다'는 동사 '开 kāi'를 써서 '开发票'라고 말합니다.

Shēngcí
生词 새단어

天坛 Tiāntán 몡 천단 (베이징에 있는 명청 (明清)황제가 하늘에 제사를 지내던 제단)

上车 shàng chē 통 (차·기차 따위에) 타다, 오르다

对 duì 혱 맞다, 옳다
下车 xià chē 통 하차하다, 차에서 내리다
打的 dǎdī 통 택시를 타다(잡다)
打车 dǎ chē 통 택시를 타다

컴퓨터(电脑 diànnǎo) 관련 기기
🎧 MP3 11-04

 台式电脑 데스크탑
táishì diànnǎo

 笔记本电脑 노트북
bǐjìběn diànnǎo

 主机 (컴퓨터) 본체
zhǔjī

 显示器 모니터
xiǎnshìqì

 音响 스피커
yīnxiǎng

 键盘 키보드
jiànpán

 光盘 CD
guāngpán

 鼠标 마우스
shǔbiāo

 打印机 프린터
dǎyìnjī

4

A 잔먼 하오샹 저우 추어 러
咱们好像走错了。
Zánmen hǎoxiàng zǒu cuò le.

우리 길을 잘못 온 것 같아요.

B 스 아 워 지 추어 러 뛔이부치
是呀? 我记错了，对不起。
Shì ya? Wǒ jì cuò le, duìbuqǐ.

그래요? 내가 잘못 기억했나 봐요, 미안해요.

어기 조사

'呀 ya'와 같은 어기 조사는 문장 끝에 쓰여 말하는 사람의 의도, 기분, 심정 등을 표현합니다.

吗 ma	의문	他在学习<u>吗</u>? Tā zài xuéxí ma?	그는 지금 공부하고 있나요?
吧 ba	확인 또는 추측	他在学习<u>吧</u>? Tā zài xuéxí ba?	그는 지금 공부하고 있지요?
呀 ya	감탄, 긍정, 동의 (= 啊 a)	他在学习<u>呀</u>。 Tā zài xuéxí ya.	그는 지금 공부하고 있는걸요.
啦 la	동작의 완료 또는 동작의 변화 (= 了+啊 a)	他在学习<u>啦</u>? Tā zài xuéxí la?	그가 지금 공부하고 있다고요?
嘛 ma	확신이나 반문	他在学习<u>嘛</u>。 Tā zài xuéxí ma.	그는 지금 공부하고 있잖아요.
呗 bei	당연하여 더 말할 필요가 없음	他在学习<u>呗</u>。 Tā zài xuéxí bei.	그는 지금 공부하고 있겠지요 뭐.

결과 보어

'走错 zǒu cuò'나 '记错 jì cuò'처럼 술어 뒤에서 그 결과를 설명하는 보어를 결과 보어라고 합니다. 이것은 주로 동사 뒤에 오며, '好 hǎo, 完 wán, 错 cuò, 光 guāng, 懂 dǒng, 到 dào' 등이 결과 보어로 쓰입니다.

- **做好了** 다했다
  zuò hǎo le

- **打错了** 잘못 걸었다
  dǎ cuò le

- **吃完了** 다 먹었다
  chī wán le

- **花光了** 다 써버렸다
  huā guāng le

부정은 술어 앞에 '没(有) méi(yǒu)'를 쓰면 됩니다.

- **我还没做完。** 나는 아직 다 하지 못했어요.
  Wǒ hái méi zuò wán.

好像 ~ (似的)의 쓰임

'好像 hǎoxiàng'은 '마치 ~와 같다'는 뜻으로, 확실하지 않은 추측이나 느낌을 나타냅니다. 주어 앞이나 뒤에 모두 쓰일 수 있으며, '似的 shì de'와 호응하여 쓰이기도 합니다.

예 他好像不舒服似的。
Tā hǎoxiàng bù shūfu shì de.
그는 불편한 거처럼 보여요.

生词 새단어

好像 hǎoxiàng 📖 마치 ~와 같다
错 cuò 📖 틀리다, 맞지 않다
呀 ya 📖 (문장 끝에 쓰여) 긍정, 의문, 감탄, 강조 등을 나타냄
记 jì 📖 기억하다, 기록하다
完 wán 📖 마치다, 끝나다, 완벽하다
光 guāng 📖 빛나다 /
📖 하나도 남아 있지 않다
懂 dǒng 📖 알다, 이해하다
花 huā 📖 쓰다, 소비하다
到 dào 📖 (동사 뒤에서 보어로 쓰여) 동작이 목적에 도달했거나 결과가 있음을 나타냄
票 piào 📖 표, 티켓
似的 shìde 📖 ~와 같다, 비슷하다
舒服 shūfu 📖 (몸·마음이) 편안하다, 쾌적하다, 안락하다

上班的时候，你常常坐什么车去？
Shàngbān de shíhòu, nǐ chángcháng zuò shénme chē qù?

我坐公共汽车。
Wǒ zuò gōnggòngqìchē.

你要坐几路车？
Nǐ yào zuò jǐ lù chē?

我要坐90。但是，有的时候我打车。
Wǒ yào zuò jiǔshí. Dànshì, yǒu de shíhòu wǒ dǎ chē.

你在哪儿下车？
Nǐ zài nǎr xià chē?

我在首尔站下车。
Wǒ zài Shǒu'ěr zhàn xià chē.

首尔站，离这儿远不远？
Shǒu'ěr zhàn, lí zhèr yuǎn buyuǎn?

不太远，需要三十分钟。
Bú tài yuǎn, xūyào sānshí fēnzhōng.

나나	출근할 때 당신은 주로 뭘 타고 가나요?
왕밍	버스 타고 가요.
나나	몇 번 버스를 타지요?
왕밍	90번을 타요. 하지만 어떨 때는 택시를 타요.
나나	어디에서 내려요?
왕밍	서울역에서 내려요.
나나	서울역은 여기서 머나요?
왕밍	그리 멀지 않아요, 30분쯤 걸려요.

~的时候의 쓰임

'~的时候 ~de shíhòu'는 '~한 때'라는 뜻으로 회화에서 광범위하게 쓰입니다. 그리고 '有的时候 yǒu de shíhòu'는 '어떨 때'라는 뜻입니다.

不太의 쓰임

'不太 bú tài'는 '별로 ~하지 않다'는 뜻으로, 뒤에 형용사나 심리 동사가 옵니다.

예   不太舒服   별로 편하지 않다
    bú tài shūfu

    不太好   별로 좋지 않다
    bú tài hǎo

    不太大   별로 크지 않다
    bú tài dà

Shēngcí
生词 새단어

时候 shíhòu 명 때, 시각, 무렵
有的 yǒude 명 어떤 것, 어떤 사람, 일부(전체 중의 일부분을 나타냄)

常常 chángcháng 부 늘, 자주

但是 dànshì 접 그러나, 그렇지만
需要 xūyào 동 필요하다, 요구하다

1 다음 그림을 보고 단어를 중국어로 써 보세요.

❶ yīyuàn

_____

❷ huàjiā

_____

❸ diànshì

_____

❹ máoyī

_____

2 다음 문장 중 틀린 곳을 바르게 고쳐 써 보세요.

❶ 我骑公共汽车去。
　Wǒ qí gōnggòngqìchē qù.

_____

❷ 你上几号车?
　Nǐ shàng jǐ hào chē?

_____

❸ 你下车有那儿?
　Nǐ xià chē yǒu nàr?

_____

❹ 我离首尔站下车。
　Wǒ lí Shǒu'ěr zhàn xià chē.

_____

3 다음 문장을 중국어로 써 보세요.

❶ 당신은 몇 번을 타고 가나요?

_____

❷ 나는 90번을 타요.

_____

교통수단

자동차	자전거	버스

치처 **汽车** qìchē	쯔씽처 **自行车** zìxíngchē	꽁꽁치처 **公共汽车** gōnggòngqìchē

기차	비행기	배

훠처 **火车** huǒchē	페이지 **飞机** fēijī	찬 **船** chuán

전철	트럭	오토바이

띠티에 **地铁** dìtiě	카처 **卡车** kǎchē	모퉈처 **摩托车** mótuōchē

전치사는 문장에서 목적어 앞에 놓여 부사어의 역할을 합니다.

'주어+전치사+목적어+동사/형용사'의 형태로 쓰입니다.

● **在** zài　〜에서 (동작이 일어나는 지점)

我在银行工作。　나는 은행에서 일합니다.
Wǒ zài yínháng gōngzuò.

● **到** dào　〜로(에), 〜까지 (행동의 도착점)

我到学校去。　나는 학교에 갑니다.
Wǒ dào xuéxiào qù.

● **从** cóng　〜로부터 (시간이나 장소의 출발점)

从首尔到北京多远?　서울에서 베이징까지 얼마나 멉니까?
Cóng Shǒu'ěr dào Běijīng duō yuǎn?

从九点开始上课。　9시부터 수업이 시작합니다.
Cóng jiǔ diǎn kāishǐ shàng kè.

● **离** lí　〜에서, 〜로부터 (시간이나 공간상의 거리의 시작점)

我家离学校很近。　우리 집은 학교에서 가깝습니다.
Wǒ jiā lí xuéxiào hěn jìn.

放假离现在还有一个月。　방학은 지금부터 아직 한 달이나 남았습니다.
Fàngjià lí xiànzài hái yǒu yí ge yuè.

● **往** wǎng, **向** xiàng, **朝** cháo　〜를 향해, 〜쪽으로 (동작의 방향)

一直往前走。　계속 앞(쪽)으로 걸어가세요.
Yìzhí wǎng qián zǒu.

我向你介绍我妹妹。　당신에게 제 여동생을 소개해 드릴게요.
Wǒ xiàng nǐ jièshào wǒ mèimei.

중국 여행에서 빼놓을 수 없는 구경 거리가 있는데, 그것은 바로 정원문화이다. 그 규모도 방대하거니와 정교하게 가꾸어진 모습을 보면 감탄과 놀라움을 금할 수 없다.

많은 정원 중 손꼽히는 4곳을 소개한다.

★ 북경 이화원(北京颐和园)

베이징 서북 쪽에 위치한 황실 정원이다. 금나라 때 처음 행궁이 지어진 이래 아편전쟁때 파괴된 것을 서태후가 재건하였다. 그 후 의화단 사건으로 다시 파괴된 것을 1903년에 재건하였다. 이 정원은 면적이 290만㎡가 넘고, 인공산인 만수산(万寿山)과 인공호수인 곤명호(昆明湖)로 이루어져 있다. 호숫가에 창랑(长廊)이라는 긴 복도가 있으며, 화려한 볼거리로 가득하다.

★ 승덕 피서산장(承德避暑山庄)

중국에서 현존하는 정원 중 가장 규모가 큰 황실 정원으로 면적은 564만㎡이다. 또 다른 별칭으로 '러흐어씽궁(热河行宫)' 또는 '청더리궁(承德离宫)'이라 한다. 청나라 때 지어졌으며, 황제들이 여름에 이곳으로 피서를 와서 정무를 처리했다고 한다. 이 정원은 남방의 수려함과 북방의 웅장함을 모두 담아냈다는 평을 받고 있으며, 유네스코의 '세계문화유산목록'에 등재되어 있다.

★ 소주 유원(苏州留园)

명대에 처음 지어져 여러 차례 주인이 바뀌면서 개축을 거듭하였다. 17개의 정자가 연못의 둘레를 장식하고 있는데, 모든 건물을 직선, 곡선, 명암, 높낮이를 절묘하게 조화시킨 설계는 감탄을 자아내게 한다. 정원은 4개의 구역으로 나뉘는데, 정원의 중심부가 조경이 가장 아름다우며, 동쪽에는 가장 큰 대청인 난무팅(楠木亭)이 있고, 그 북쪽에는 거대한 태호석이 3개가 있다.

★ 소주 졸정원(苏州拙政园)

이 정원은 전체적으로 자연스럽고 소박한 분위기를 풍긴다. 연못을 중심으로 건물들이 배치되어 있고, 정원의 조경이나 건축물이 아름다워 강남(江南) 정원문화의 대표작이라 할 수 있다.

12

취미 묻기

취미가 뭐예요?

학습 목표

다양한 취미 등을 서로 묻고 답할 수 있으며,
그 취미의 능숙한 정도까지 설명할 수 있습니다.

학습 포인트

① 你有什么爱好?
② 你喜欢打网球还是打乒乓球?
③ 你打网球打得怎么样?
④ 一点儿也不累

학습 Plus 자료

- 테마별 단어 카드 취미
- 기초 문법 조동사
- 중국문화 이모저모 중국의 음주 문화

이렇게 공부하세요

동영상 강의 보기   복습용 동영상 보기

기본 표현
한 번에 듣기   응용 회화 듣기   단어 암기하기

기본 표현

1

니 여우 션머　아이하오
A 你有什么爱好?　　　　　당신은 어떤 취미를 가지고 있습니까?
Nǐ yǒu shénme àihào.

워 시환　 파 산
B 我喜欢爬山。　　　　　저는 등산하는 것을 좋아합니다.
Wǒ xǐhuan pá shān.

喜欢의 쓰임

'喜欢 xǐhuan'은 동사로 쓰여 '좋아하다, 즐거워하다'의 뜻입니다. '무엇 하기를 좋아하는 경우는 '喜欢' 대신 '爱 ài'를 쓸 수 있습니다.

- **你爱吃什么?**　　무엇을 먹는 것을 좋아 하세요?
  Nǐ ài chī shénme?

또한 '爱 ài'는 '사랑하다, 좋아하다'의 뜻으로도 쓰입니다.

- **我爱你。**　　당신을 사랑해요.
  Wǒ ài nǐ.

 만족 정도를 나타내는 표현

不怎么样 bù zěnmeyàng　보통이다,
　　　　　　　　　　　별로 좋지 않다
不好 bù hǎo　좋지 않다
不够好 bú gòu hǎo　부족하다, 모자라다
不太好 bú tài hǎo　별로 좋지 않다
不简单 bú jiǎndān　굉장하다, 대단하다
非常好 fēicháng hǎo　대단히 좋다
不上不下 bú shàng bú xià　막상막하다
太好了 tài hǎo le　아주 좋다
很好 hěn hǎo　좋다
不错 bú cuò　알맞다, 괜찮다

Shēngcí
生词 새단어

爱好 àihào 몡 취미
爬山 pá shān 통 등산하다
爱 ài 통 사랑하다, 애호하다
够 gòu 통 필요한 기준을 만족시키다
简单 jiǎndān 혱 간단하다,
　　　　　　　　(경력·능력이) 평범하다

스포츠

 足球 축구
zúqiú

篮球 농구
lánqiú

网球 테니스
wǎngqiú

 高尔夫球 골프
gāo'ěrfūqiú

游泳 수영
yóuyǒng

排球 배구
páiqiú

 跑步 조깅
pǎobù

 乒乓球 탁구
pīngpāngqiú

 台球 당구
táiqiú

2

니 시환　따 왕치어우 하이스　따 핑팡치어우
A 你喜欢打网球还是打乒乓球?
Nǐ xǐhuan dǎ wǎngqiú háishi dǎ pīngpāngqiú?

당신은 테니스 치는 걸 좋아해요,
아니면 탁구 치는 걸 좋아해요?

워 쮀이 시환　따 왕치어우
B 我最喜欢打网球。
Wǒ zuì xǐhuan dǎ wǎngqiú.

저는 테니스 치는 것을 가장 좋아해요.

선택 의문문

'선택 의문문'이란 '还是 háishi'를 써서 대답하는 사람이 둘 중 하나를 선택
하도록 하는 의문문입니다. 이러한 선택 의문문은 '吗 ma'나 다른 의문사를
별도로 필요로 하지 않습니다.

- **你去 还是 他去?**　당신이 가나요, 아니면 그가 가나요?
  Nǐ qù háishi tā qù?

- **她喜欢听音乐 还是 看书?**
  Tā xǐhuan tīng yīnyuè háishi kàn shū?
  그녀는 음악 감상을 좋아하나요, 아니면 독서를 좋아하나요?

최상급의 표현

'最 zuì'를 형용사나 동사 앞에 써서 '가장, 제일'을 나타냅니다.

- **最好看**　제일 예쁘다
  zuì hǎokàn

- **最好吃**　제일 맛있다
  zuì hǎochī

- **最好**　가장 좋다
  zuì hǎo

부정할 때는 형용사나 동사 앞에 '不 bù'를 씁니다.

- **最不好看**　제일 안 예쁘다
  zuì bù hǎokàn

- **最不好吃**　제일 맛없다
  zuì bù hǎochī

- **最不好**　가장 나쁘다
  zuì bù hǎo

띵호아? 🖉

우리가 '매우 좋다'는 중국말을 '띵호아'
라고 하는데, 이는 '挺好 tǐnghǎo'에서 유
래한 것으로 추측됩니다.

운동을 하다 🖉

운동 종목 중 '(구기 종목을) 하다'라고 할
때, 동사 '打 dǎ'를 씁니다.

打棒球 dǎ bàngqiú　야구를 하다
打乒乓球 dǎ pīngpāngqiú　탁구를 치다
打高尔夫球 dǎ gāo'ěrfūqiú　골프를 치다

단, 축구는 '足球 zúqiú'인데,
동사는 '踢 tī'를 씁니다.

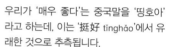
Shēngcí
生词 새단어 📒

打 dǎ 图 (운동·게임·연기를) 하다
网球 wǎngqiú 圆 테니스
还是 háishi 图 또는, 아니면
　　　　(의문문에 쓰여, 선택을 나타냄)
乒乓球 pīngpāngqiú 圆 탁구
最 zuì 图 가장, 제일
好看 hǎokàn 톙 아름답다
挺 tǐng 图 꽤, 매우, 상당히

🎧 MP3 12-04

3

A 你打网球打得怎么样?
니 따 왕치어우 따 더 쩐머양
Nǐ dǎ wǎngqiú dǎ de zěnmeyàng?

당신은 테니스를 어느 정도 치나요?

B 会是会，不过马马虎虎。
훼이 스 훼이 부꾸어 마마후후
Huì shì huì, búguò mǎmǎhūhū.

하기는 하는데, 실력은 그저 그래요.

정도 보어

정도 보어를 '得 de'써서, 앞의 술어의 정도가 어떠한지를 설명할 수 있습니다.

질문 你打网球打得怎么样?　　당신은 테니스 실력이 어때요?
Nǐ dǎ wǎngqiú dǎ de zěmeyàng?

대답1 我(打网球)打得不太好。　　나는 그다지 잘 치지 못해요.
Wǒ (dǎ wǎngqiú) dǎ de bú tài hǎo.

대답2 我(打网球)打得很棒。　　나는 꽤 잘 칩니다.
Wǒ (dǎ wǎngqiú) dǎ de hěn bàng.

목적어가 없을 때는 '주어+술어+得+정도 보어'의 형태로 씁니다.

● 我吃得很饱。　　나는 배불리 먹었어요.
　Wǒ chī de hěn bǎo.

목적어가 있을 때는 '주어+(술어)+목적어+술어+得+정도 보어'의 형태로 씁니다. 이때, 목적어를 아예 문장 맨 앞으로 가져올 수도 있습니다.

● 他(说)英语说得非常流利。　　그는 영어를 아주 유창하게 합니다.
　Tā (shuō) Yīngyǔ shuō de fēicháng liúlì.

또는 목적어를 문장 맨 앞으로 가져오기도 합니다.

● 排球他打得很棒。　　그는 배구를 매우 잘해요.
　Páiqiú tā dǎ de hěn bàng.

부정형은 '得'와 정도 보어 사이에 '不 bù'를 써주면 됩니다.

● 我唱歌唱得不好。　　나는 노래를 잘 못해요.
　Wǒ chàng gē chàng de bù hǎo.

A+是+A 표현

'A+是 shì+A, 但是 dànshì(=可是 kěshì, 不过 búguò)+B'의 형태는 'A하기는 하지만, B하다'의 뜻으로 해석하면 됩니다.

예 好是好，但是太贵。
　Hǎo shì hǎo, dànshì tài guì.
　좋기는 좋지만 너무 비싸다.

　小是小，但是很干净。
　Xiǎo shì xiǎo, dànshì hěn gānjìng.
　작기는 작지만 깨끗하다.

Shēngcí
生词 새단어

得 de 조 (동사나 형용사 뒤에서)
　　결과나 정도를 나타냄

不过 búguò 부 ~에 불과하다,
　　~에 지나지 않다

马马虎虎 mǎmǎhūhū
　　형 그저 그렇다, 그저 그만하다

棒 bàng 형 (성적이) 좋다, (수준이) 높다

饱 bǎo 형 배부르다

流利 liúlì 형 유창하다

排球 páiqiú 명 배구

唱 chàng 동 노래하다

歌 gē 명 노래

可是 kěshì 접 그러나, 하지만

干净 gānjìng 형 깨끗하다, 청결하다

4

정티엔 완 더 부 레이 마
A 整天玩得不累吗?　　　　　하루 종일 노는데 피곤하지 않나요?
Zhěngtiān wán de bú lèi ma?

이디얼 예 부 레이 팅 여우 이쓰
B 一点儿也不累，挺有意思。　　조금도 피곤하지 않아요, 아주 재미있어요.
Yìdiǎnr yě bú lèi, tǐng yǒu yìsi.

정도 보어의 의문문

정도 보어의 의문문은 여러 형태로 만들 수 있습니다.

吗를 사용　玩得累吗?　　노는 것이 피곤합니까?
　　　　　　　Wán de lèi ma?

긍정 부정형　玩得累不累?　　노는 것이 피곤합니까?
　　　　　　　Wán de lèi bulèi?

의문사 사용　玩得怎么样?　　노는 것이 어때요?
　　　　　　　Wán de zěnmeyàng?

형용사/동사＋了의 표현

'得 de'를 사용하는 정도 보어 외에 형용사나 심리 상태를 나타내는 동사 뒤에 붙어 정도를 나타내는 단어들이 있는데, 이는 반드시 '了 le'와 함께 씁니다.

- **累死了。**　피곤해 죽겠다.
  Lèi sǐ le.

- **好极了。**　너무 잘됐다.
  Hǎo jí le.

- **那个人坏透了。**　저놈은 정말 나쁘다.
  Nà ge rén huàitòu le.

- **他帅呆了。**　그는 죽여준다.(잘생기거나 멋있어서)
  Tā shuài dāi le.

[de]로 발음하는 的, 地, 得의 비교

- **的**
명사 앞에서 명사를 수식하는 관형어를 만듭니다.

  예 好看的男朋友　잘생긴 남자친구
  hǎokàn de nánpéngyou

- **地**
동사 앞에서 동사를 수식하는 부사어를 만듭니다.

  예 慢慢地说话　천천히 얘기하다
  mànmànde shuō huà

- **得**
술어 뒤에서 술어의 상태를 보충 설명하는 보어를 만듭니다.

  예 漂亮得很　매우 예쁘다(예쁜 정도가 크다)
  piàoliang de hěn

Shēngcí
生词 새단어

整天 zhěngtiān 뗑 온종일, 하루종일
玩 wán 통 놀다, 장난하다, 즐기다
死 sǐ 통 죽다 /
　　 혱 극에 달하다, ~해 죽겠다
坏 huài 혱 나쁘다
透 tòu 혱 충분하다, 그지없다
帅呆了 shuài dāi le 정말 잘생겼다,
　　　　　　　　　　　정말 멋있다

你有什么爱好?
Nǐ yǒu shénme àihào?

我喜欢爬山, 也喜欢运动。
Wǒ xǐhuan pá shān, yě xǐhuan yùndòng.

你喜欢打网球还是打乒乓球?
Nǐ xǐhuan dǎ wǎngqiú háishi dǎ pīngpāngqiú?

我最喜欢打网球。
Wǒ zuì xǐhuan dǎ wǎngqiú.

你打网球打得怎么样?
Nǐ dǎ wǎngqiú dǎ de zěnmeyàng?

会是会, 不过马马虎虎。
Huì shì huì, búguò mǎmǎhūhū.

你周末做什么?
Nǐ zhōumò zuò shénme?

我周末有的时候看电影, 有的时候做运动。
Wǒ zhōumò yǒu de shíhòu kàn diànyǐng, yǒu de shíhòu zuò yùndòng.

跟朋友们一起玩玩儿。
Gēn péngyǒumen yìqǐ wánwánr.

整天玩儿得不累吗?
Zhěngtiān wánr de bú lèi ma?

一点儿也不累, 挺有意思。
yìdiǎnr yě bú lèi, tǐng yǒu yìsi.

168

나나	취미가 뭐예요?
왕밍	저는 등산을 좋아합니다. 또 운동도 좋아하고요.
나나	테니스를 좋아하세요, 아니면 탁구를 좋아하세요?
왕밍	저는 테니스 치는 것을 좋아합니다.
나나	테니스 치는 실력이 어때요?
왕밍	하기는 하는데, 실력은 그저 그래요.
나나	주말에는 뭐 하세요?
왕밍	주말에 어떤 때는 영화를 보기도 하고, 어떤 때는 운동을 해요. 친구들과 함께 놀지요.
나나	하루 종일 노는데 피곤하지 않으세요?
왕밍	조금도 안 피곤합니다. 정말 재미있어요.

Shēngcí
生词 새단어

电影 diànyǐng 명 영화   朋友们 péngyǒumen 명 친구들

 연습 문제

1 다음 그림을 보고 적합한 단어를 중국어로 써 보세요.

1 zìxíngchē

_____

2 huǒchē

_____

3 miànbāo

_____

4 shuìjiào

_____

2 다음 문장 중 틀린 곳을 찾아 바르게 써 보세요.

1 你是什么爱好?
Nǐ shì shénme àihào?

_____

2 我最喜欢作网球。
Wǒ zuì xǐhuan zuò wǎngqiú.

_____

3 玩得没累吗?
Wán de méi lèi ma?

_____

4 一点儿也不很累。
Yìdiǎnr yě bú hěn lèi.

_____

3 다음 문장을 중국어로 써 보세요.

1 취미가 뭐예요?

_____

2 조금도 어렵지 않아요.

_____

영화관람

칸 띠엔잉
看电影
kàn diànyǐng

음악감상

팅 잉위에
听音乐
tīng yīnyuè

독서

칸 슈
看书
kàn shū

노래하기

창꺼
唱歌
chànggē

쇼핑하기

마이 똥시
买东西
mǎi dōngxi

바둑두기

시아치
下棋
xiàqí

낚시

띠아오위
钓鱼
diàoyu

등산

파샨
爬山
páshān

원예

양화
养花
yǎnghuā

조동사는 동사의 의미를 보충해 주며, 보통 동사 앞에 씁니다. 중국어에서는 '능원 동사(能愿动词)'라고 부릅니다.

● 会 huì ～할 수 있다

'학습을 통해 할 수 있다'는 뜻입니다. 부정은 '不会'를 씁니다.

我会说汉语。 나는 중국어를 할 수 있습니다.
Wǒ huì shuō Hànyǔ.

我会开车。 나는 운전을 할 수 있습니다.
Wǒ huì kāi chē.

我不会喝酒。 나는 술을 못 마십니다.
Wǒ bú huì hē jiǔ.

● 可以 kěyǐ ～할 수 있다, ～해도 된다

'～할 수 있다'의 부정은 '不能'을 쓰고, '～해도 된다'의 부정은 '不可以', '不行'을 씁니다.

我可以帮助你。 나는 당신을 도울 수 있습니다.
Wǒ kěyǐ bāngzhù nǐ.

我不能帮助你。 나는 당신을 도울 수 없습니다.
Wǒ bù néng bāngzhù nǐ.

你可以走。 당신은 가도 됩니다.
Nǐ kěyǐ zǒu.

你不可以走。(= 你不行走。) 가면 안 됩니다.
Nǐ bù kěyǐ zǒu. (= Nǐ bù xíng zǒu.)

● 能 néng ～할 수 있다

'능력이나 조건이 갖추어져서 할 수 있다'는 뜻입니다. 부정은 '不能'을 씁니다.

我能看中文报。 나는 중국 신문을 볼 수 있습니다.
Wǒ néng kàn Zhōngwén bào.

妈妈病好了，现在能工作。 엄마가 병이 나아서 지금은 일을 할 수 있습니다.
Māma bìng hǎo le, xiànzài néng gōngzuò.

我不能喝啤酒。 나는 맥주를 마실 수 없습니다.(마실 줄 모릅니다)
Wǒ bù néng hē píjiǔ.

● 想 xiǎng ～하고 싶다, ～하려 하다

소망을 나타내며, 부정은 '不想'을 씁니다.

我想去你那儿。 나는 당신에게 가고 싶어요.
Wǒ xiǎng qù nǐ nàr.

我不想见他。 나는 그를 보고 싶지 않아요.
Wǒ bù xiǎng jiàn tā.

● 要 yào ～하려고 하다

희망, 의지를 나타내며, 때로는 해야만 하는 의무를 나타내기도 합니다.
'～하려고 하다'의 부정은 '不想'을 쓰고, '～해야만 하다'의 부정은 '不用'을 씁니다.

我要去旅行。 나는 여행을 가려고 합니다.
Wǒ yào qù lǚxíng.

下雪，大家要小心。 눈이 오니, 모두들 조심하세요.
Xiàxuě, dàjiā yào xiǎoxīn.

我不想去旅行。 나는 여행을 가고 싶지 않습니다.
Wǒ bù xiǎng qù lǚxíng.

> '不要'는 '要'의 부정이 아니라 금지를 나타낼 때 씁니다.
> **예 你不要浪费时间。** 시간을 낭비하지 마라.
> Nǐ bú yào làngfèi shíjiān.

조동사가 들어 있는 문장을 긍정 부정형 의문문으로 만들 때는 조동사를 반복합니다.

你会不会游泳? (O)
Nǐ huì buhuì yóuyǒng?

你会游不游泳? (X)
Nǐ huì yóu bu yóuyǒng?

중국의 음주 문화

중국인의 술 문화는 한마디로 '남황북백(南黃北白)'이라 한다. 즉, 북쪽은 독한 백주(白酒)를 좋아하고, 남쪽은 대체로 순한 황주(黃酒)를 즐겨 마신다는 뜻이다.

중국에는 지방마다 특산주가 있을 정도로 술의 종류가 많으며 알코올 도수가 40도에서 60도로 매우 독한 술이 유명하다. 하지만 중국인들이 거리에서 술을 마시고 비틀거리는 모습은 쉽게 볼 수 없다. 이것은 술 자체의 순도가 높기 때문만이 아니라, 중국인들은 음주 예절을 매우 중요시하여 술에 취해 실수하는 것을 수치로 생각하기 때문이다.

요즘 2, 30대 중국 젊은이들은 또 다른 새로운 음주 문화를 향유하기도 한다. 이들은 술을 '깐뻬이(干杯)'하며 강권하는 것을 싫어하며 도수가 높은 백주나 몸에 좋은 황주가 아닌 맥주를 즐겨 마신다. 맥주를 자신 앞에 한 병 가져다 놓고 스스로 적당량 만큼 따라 마시는 것을 즐긴다.

보통 비즈니스적으로 중국인들과 술자리를 갖게 되는 경우 유의해야 할 점들이다.

- 자기가 마시던 잔을 돌리지 않는다.

- 상대방의 술잔에 술이 남아 있어도 계속 첨잔을 해주는 것을 예의라 생각한다.

- 술을 마실 때 혼자 마시고 내려놓지 말고 반드시 상대방에게 먼저 권하고 마셔야 한다.
  또한 '깐베이(干杯, 잔을 비우다)'라고 말하면 몽땅 마셔야 하고, 자신이 다 못 마실 경우에는 '수에이(随意 뜻대로, 마음대로)'라고 말하면서 마시면 된다. 술을 잘 못할 경우 먼저 상대방에게 양해를 구해두는 것이 좋다.

- 보통 술잔을 들지 않고 상 위에 놓고 술을 받는다.
  또한 감사하다는 표시로 두 손가락으로 탁자를 가볍게 두드리기도 한다.

13

날씨 묻기

오늘 날씨 어때요?

🔲 학습 목표

날씨, 계절과 관련된 표현을 익히고,
그에 따른 느낌까지 말할 수 있습니다.

🔲 학습 포인트

1. 今天天气怎么样?
2. 外边下着雨呢。
3. 韩国几月份常常下雨?
4. 韩国的秋天不冷也不热。

➕ 학습 Plus 자료

- 테마별 단어 카드 날씨
- 기초 문법 비교문
- 중국문화 이모저모 중국의 명주

이렇게 공부하세요 ─────────

동영상 강의 보기   복습용 동영상 보기

기본 표현
한 번에 듣기   응용 회화 듣기   단어 암기하기

🎧 MP3 13-01

1

진티엔 티엔치 쩐머양
A 今天天气怎么样?
Jīntiān tiānqì zěnmeyàng?

오늘 날씨가 어떤가요?

티엔치 위빠오 슈어 진티엔 완상 훼이 시아위
B 天气预报说，今天晚上会下雨。
Tiānqì yùbào shuō, jīntiān wǎnshang huì xiàyǔ.

일기예보에 의하면,
오늘 저녁에 비가 온대요.

듣자하니

'说 shuō'는 '听 tīng'과 결합하여 '听说 tīngshuō', '듣자하니, 들은 바에 의하면'이라는 뜻으로 쓰입니다. 이 문장에서는 '听 tīng'을 생략한 것입니다. '听'과 '说' 사이에 정확한 출처를 알려주는 명사를 넣을 수도 있습니다.

- **听说你没去?**　듣자하니 당신은 가지 않았다고요?
  Tīngshuō nǐ méi qù?

- **听他说，明天下雨。**　그의 말에 의하면 내일 비가 온대요.
  Tīng tā shuō, míngtiān xiàyǔ.

会의 쓰임

'会 huì'는 위 문장에서처럼 '그럴 가능성이 충분하다'는 미래 가능성을 나타냅니다. 또, 주로 동사 앞에 쓰여 '~할 수 있다'는 능력과 가능성을 나타내기도 합니다.

- **今天晚上会下雨。**　오늘 저녁에는 비가 올 것 같아요.(가능성, 추측)
  Jīntiān wǎnshang huì xiàyǔ.

- **我会开车。**　나는 운전을 할 수 있어요.(능력)
  Wǒ huì kāi chē.

下의 쓰임

'下 xià'는 여러 가지 뜻이 있지만, 여기서는 '(비·눈 따위가) 내리다'라는 뜻으로 쓰입니다.

- **下雪**　눈이 내리다
  xiàxuě

- **下雹子**　우박이 떨어지다
  xià báozi

의문 대명사 怎么样

'어떠하냐, 어떻게'라는 뜻으로, 성질, 상황, 방식 등을 물을 때 쓰입니다.

- 예 你身体怎么样?　건강은 어떠세요?
  Nǐ shēntǐ zěnmeyàng?

  这件衣服怎么样?　이 옷 어때요?
  Zhè jiàn yīfu zěnmeyàng?

生词 새단어
Shēngcí

天气 tiānqì 명 날씨, 일기
预报 yùbào 명 예보
会 huì 통 ~할 가능성이 있다, ~할 것이다
听说 tīngshuō 통 듣자하니, 듣건데
雪 xuě 명 (내리는) 눈
雹子 báozi 명 우박

2

A 와이비엔 **시**아 저 **위** 너   니 **따**이 위싼   러 마
外边下着雨呢。你带雨伞了吗?
Wàibiān xià zhe yǔ ne. Nǐ dài yǔsǎn le ma?

밖에 비가 와요. 우산은 가져 왔어요?

B 워 **메**이 **따**이 위싼   지 쓰 러
我没带雨伞。急死了。
Wǒ méi dài yǔsǎn. Jí sǐ le.

우산을 안 가져 왔어요. 불안해 죽겠어요.

着의 쓰임

동사 뒤에 동태 조사 '着 zhe'가 붙어 어떤 동작이나 상태가 지속되거나 동작을 어떤 방식으로 하는지를 나타낼 수 있습니다.

- **동작의 지속** : 위의 예문처럼 진행형과 동시에 쓸 수 있습니다.

  妈妈抱着弟弟。   엄마가 동생을 안고 있어요.
  Māma bào zhe dìdi.

- **상태의 지속** : 어떠한 상태가 계속 유지되고 있음을 나타냅니다.

  电脑开着。   컴퓨터가 켜져 있어요.
  Diànnǎo kāi zhe.

- **동작의 방식** : 뒤에 나오는 동작의 방식을 나타냅니다.

  我走着回家。   나는 걸어서 집에 갑니다.
  Wǒ zǒu zhe huí jiā.

부정은 동사 앞에 '没 méi'를 써주면 됩니다.

- **窗户没开着。**   창문은 열려 있지 않아요.
  Chuānghu méi kāi zhe.

과장의 표현

'~해 죽겠어'라는 뜻으로 형용사나 심리를 나타내는 동사 뒤에 '死了 sǐ le'를 붙여 씁니다.

📺 累死了 lèi sǐ le 피곤해 죽겠다
　 饿死了 è sǐ le 배고파 죽겠다
　 气死了 qì sǐ le 화나 죽겠다
　 忙死了 máng sǐ le 바빠 죽겠다
　 困死了 kùn sǐ le 졸려 죽겠다

Shēngcí
生词 새단어

外边 wàibiān 몡 밖, 바깥
带 dài 통 (몸에) 지니다, 휴대하다
雨伞 yǔsǎn 몡 우산
急 jí 통 초조해하다, 안달하다
抱 bào 통 안다, 껴안다
开 kāi 통 틀다, 켜다
窗户 chuānghu 몡 창문
饿 è 혱 배고프다
气 qì 통 노하다, 화내다
困 kùn 통 졸리다

🎧 MP3 13-03

3

한귀 지 위에펀 창창 시아위
A 韩国几月份常常下雨?
Hánguó jǐ yuèfèn chángcháng xiàyǔ?

한국은 몇 월에 주로 비가 내려요?

치 빠 위에펄
B 七八月份儿。
Qī bā yuèfènr.

7, 8월에요.

常常의 쓰임

'常常 chángcháng'은 '항상, 늘, 종종, 자주' 등의 뜻으로, 어떤 행동이나 사건의 발생이 잦고, 간격이 짧음을 나타냅니다. '常'으로만 쓰기도 합니다.

부정을 말할 때는 '不常 bù cháng'을 쓰며, '不常常 bù cháng cháng'이라고 하지는 않습니다.

'常常'과 반대되는 의미로는 '偶尔 ǒu'ěr(때때로, 간혹)'을 사용합니다.

'常常'의 유의어로는 '经常 jīngcháng'과 '往往 wǎngwǎng'이 있으나 그 쓰임새는 조금씩 다릅니다. '常常'과 '经常'은 그 뜻과 의미는 비슷하지만 '经常'이 빈도수가 조금 더 높음을 나타내고, '常常'은 부사인 반면 '经常'은 부사, 명사, 형용사로 다양하게 사용됩니다.

'往往'은 부사의 역할을 하는데, 일정한 규칙이 있는 빈도수를 나타낼 때만 사용합니다.

- 我往往星期天晚上看电影。(O) 나는 일요일 저녁에 늘 영화를 봅니다.
  Wǒ wǎngwǎng xīngqītiān wǎnshang kàn diànyǐng.

- 我往往去看电影。(X) 나는 늘 영화를 보러 갑니다.
  Wǒ wǎngwǎng qù kàn diànyǐng.

四个季节 사계절

春天 chūntiān 봄
夏天 xiàtiān 여름
秋天 qiūtiān 가을
冬天 dōngtiān 겨울

기후와 관련된 표현

暖和 nuǎnhuo 따뜻하다
热 rè 덥다
凉快 liángkuài 시원하다
冷 lěng 춥다

Shēngcí
生词 새단어

月份 yuèfèn 명 월, 달(어느 한 달을 가리킴)
常 cháng 부 늘, 항상, 자주
季节 jìjié 명 계절, 철, 절기
偶尔 ǒu'ěr 부 때때로, 간혹
经常 jīngcháng 부 언제나, 늘 /
　　　　　 명 평소, 보통 / 형 일상적인
往往 wǎngwǎng 부 왕왕, 자주, 흔히

4

A 한궈 더 치어우티엔 여우 션머 터정
韩国的秋天有什么特征?
Hánguó de qiūtiān yǒu shénme tèzhēng?

한국의 가을은 어떤 특징이 있어요?

B 한궈 더 치어우티엔 뿌 렁 예 뿌 러 헌 량콰이
韩国的秋天不冷也不热，很凉快。
Hánguó de qiūtiān bù lěng yě bú rè, hěn liángkuài.

한국의 가을은 춥지도 덥지도 않고,
아주 시원해요.

不~不의 쓰임

'不 bù ~ 不 bù ~'는 '~하지도 않고, ~하지도 않다'의 의미로 서로 반대되는 단음절 형용사, 방위사 등의 앞에 써서 전체적으로 '적당하다, 알맞다'의 뜻을 나타냅니다.

- **不冷不热** 춥지도 덥지도 않다
  bù lěng bú rè

- **不多不少** 많지도 적지도 않다
  bù duō bù shǎo

- **不胖不瘦** 뚱뚱하지도 마르지도 않다
  bú pàng bú shòu

有什么의 활용

'有什么 yǒu shénme'는 '뭐가 있느냐?'라는 질문 이외에 '뭐가 있겠느냐?'라고 반문할 때 사용할 수도 있습니다. 결국 그 의미는 '없다'라는 뜻입니다.

- **有什么可怕的?** 두려울 것이 뭐가 있겠느냐?
  Yǒu shénme kěpà de?

'有什么'의 부정은 '没什么'로 합니다.

- **没什么可怕的。** 두려울 것이 없다.
  Méi shénme kěpà de.

감상 표현

太棒了! Tài bàng le! 굉장하다!
好极了! Hǎo jí le! 멋지다!
真开心! Zhēn kāixīn! 즐겁다!
有意思! Yǒu yìsi! 재미있다!
没有意思! Méiyǒu yìsi! 재미없다!
了不起! Liǎobuqǐ! 대단하다!

Shēngcí
生词 새단어

秋天 qiūtiān 몡 가을
特征 tèzhēng 몡 특징
热 rè 혱 덥다
凉快 liángkuài 혱 시원하다, 서늘하다,
　　　　　　　　　상쾌하다
多 duō 혱 (수량이) 많다
少 shǎo 혱 적다
胖 pàng 혱 (몸이) 뚱뚱하다
瘦 shòu 혱 마르다, 여위다
可 kě 동 ~해도 좋다, ~할 만하다
怕 pà 동 무서워하다, 두려워하다
可怕 kěpà 혱 두렵다, 무섭다
开心 kāixīn 혱 기쁘다, 즐겁다
了不起 liǎobuqǐ 혱 놀랄 만하다,
　　　　　　　　　굉장하다

今天天气怎么样？
Jīntiān tiānqì zěnmeyàng?

天气预报说，今天晚上会下雨。
Tiānqì yùbào shuō, jīntiān wǎnshang huì xiàyǔ.

但是，看起来刚刚要下雨了。
Dànshì, kàn qǐ lái gānggāng yào xiàyǔ le.

哎呀，外边已经下着雨呢。
Āi yā, wàibiān yǐjīng xià zhe yǔ ne.

你带雨伞吗？
Nǐ dài yǔsǎn ma?

我没带雨伞。急死了。
Wǒ méi dài yǔsǎn. Jí sǐ le.

别着急。我借给你一把雨伞吧。
Bié zháojí. Wǒ jiè gěi nǐ yì bǎ yǔsǎn ba.

韩国几月份常常下雨？
Hánguó jǐ yuèfèn chángcháng xiàyǔ?

七八月份儿。
Qī bā yuèfènr.

韩国的秋天有什么特征？
Hánguó de qiūtiān yǒu shénme tèzhēng?

韩国的秋天不冷也不热，很凉快。
Hánguó de qiūtiān bù lěng yě bú rè, hěn liángkuài.

나나	오늘 날씨는 어때요?
왕밍	일기예보에 의하면, 오늘 저녁에 비가 온대요. 그런데, 보아하니 마침 비가 올 거 같네요.
나나	이런, 밖에 이미 비가 내리고 있어요. 우산은 가져 왔어요?
왕밍	우산을 안 가져왔어요. 불안해 죽겠어요.
나나	초조해 하지 말아요. 내가 우산 하나 빌려줄게요.
왕밍	한국은 몇 월에 비가 주로 내려요?
나나	7, 8월에요.
왕밍	한국의 가을은 어떤 특징이 있어요?
나나	한국의 가을은 춥지도 덥지도 않고, (아주) 시원해요.

Shēngcí
生词 새단어

看起来 kàn qǐ lái ⑧ 보기에 ~하다, 보아하니 ~하다

哎呀 āi yā ㉵ 아이고! 저런! 아차!

着急 zháojí ⑧ 조급해 하다, 초조해 하다

刚刚 gānggāng ㉵ 지금 막, 방금, 마침

把 bǎ ⑱ 자루(손잡이가 있는 기구를 셀 때)

1 다음 그림을 보고 적합한 단어를 중국어로 써 보세요.

❶  páshān

_____

❷  hùshi

_____

❸ qúnzi

_____

❹  kāfēi

_____

2 다음 문장 중 틀린 곳을 찾아 바르게 고쳐 보세요.

❶ 今天晚上会来雨。

Jīntiān wǎnshang huì lái yǔ.

_____

❷ 看出来刚刚要下雨了。

Kàn chū lái gānggāng yào xiàyǔ le.

_____

❸ 我没来雨伞。

Wǒ méi lái yǔsǎn.

_____

❹ 韩国的秋天不冷再不热。

Hánguó de qiūtiān bù lěng zài bú rè.

_____

3 다음 문장을 중국어로 써 보세요.

❶ 오늘 날씨는 어때요?

_____

❷ 오늘 저녁에는 비가 온대요.

_____

맑은 날

칭티엔
晴天
qíngtiān

흐린 날

인티엔
阴天
yīntiān

바람 불다

꽈펑
刮风
guāfēng

무지개

차이홍
彩虹
cǎihóng

비가 내리다

시아위
下雨
xiàyǔ

눈이 내리다

시아쉬에
下雪
xiàxuě

장마

위지
雨季
yǔjì

태풍

타이펑
台风
táifēng

천둥 치다

따레이
打雷
dǎléi

● '比'를 쓰는 비교문

보통 'A+比+B+비교 내용[주로 형용사(술어)]'의 형태로, 'A는 B보다 ～하다'라는 뜻입니다.

我比他高。 내가 그보다 큽니다.
Wǒ bǐ tā gāo.

- A+比+B+更/还+비교 내용 : 더 강조함

他比你更喜欢足球。 그는 당신보다 축구를 더 좋아합니다.
Tā bǐ nǐ gèng xǐhuan zúqiú.

- A+比+B+비교 내용+一点儿/一些 : 비교한 결과 차이가 별로 없음

今天比昨天冷一点儿。 오늘이 어제보다 조금 더 추워요.
Jīntiān bǐ zuótiān lěng yìdiǎnr.

这件衣服比那件大一些。 이 옷이 저 옷보다 조금 더 커요.
Zhè jiàn yīfu bǐ nà jiàn dà yìxiē.

- A+比+B+비교 내용+수사/양사 : 비교 대상의 구체적인 차이를 말함

我姐姐比我大三岁。 나의 언니는 나보다 세 살이 많습니다.
Wǒ jiějie bǐ wǒ dà sān suì.

- A+比+B+비교 내용+多了/得多 : 비교한 결과 차이가 많음

昨天比今天冷多了。 어제가 오늘보다 훨씬 추웠어요.
Zuótiān bǐ jīntiān lěng duō le.

- A+比+B+동사+得+형용사 : 비교한 결과 차이가 많음

他比我说得好。 그는 나보다 말을 더 잘해요.
Tā bǐ wǒ shuō de hǎo.

부정문 'A+不比+B+비교 내용'

예 我不比他高。 나는 그보다 크지 않습니다.
Wǒ bù bǐ tā gāo.

● '有'를 쓰는 비교문

A+有+B+这么/那么+비교 내용 : 'A는 B만큼 ～하다'라는 뜻임

他有李先生那么高。 그는 이 선생님만큼 (키가) 큽니다.
Tā yǒu Lǐ xiānsheng nàme gāo.

부정문

'A+没有+B+那么(这么)+비교 내용'

예 你没有他(那么)好看。
Nǐ méiyǒu tā (nàme) hǎokàn.
당신은 그만큼 잘생기지 않았어요.

● '不如'를 쓰는 비교문

A+不如+B+비교 내용 : 'A는 B만 못하다'라는 뜻임

这件衣服不如那件。 이 옷은 저 옷만 못합니다.
Zhè jiàn yīfu bùrú nàjiàn.

● '越来越'를 쓰는 비교문

A+越来越+비교 내용 : 'A는 갈수록 ～해지다'라는 뜻임

天气越来越冷。 날씨가 갈수록 추워집니다.
Tiānqì yuèláiyuè lěng.

他的病越来越重了。 그의 병세가 갈수록 심해지고 있어요.
Tā de bìng yuèláiyuè zhòng le.

중국의 명주

중국 술은 제조 방법과 그 특성에 따라 아래 몇 가지로 나뉘어진다.

★ 백주(白酒)

흔히 말하는 빼갈(白干儿 báigānr)로, 고량주(高粱酒)라고도 한다. 백주는 유명한
세계 6대 증류주의 하나로, 무색 투명한 증류주로서 중국 국내 전생산량의 80%
정도를 차지한다. 대표적인 술로는 모태주(茅台酒), 분주(汾酒), 오량액(五粮液),
고정공주(古井贡酒), 서봉주(西凤酒), 계림산화주(桂林山花酒) 등이 있다.

★ 황주(黃酒)

황주는 중국에서 가장 오랜 역사를 갖고 있으며 맛이 좋고 영양이 풍부하여 중
국인들이 즐겨 마시는 술 중의 하나이다. 황주는 일종의 저알코올술(12도~20도)
로 황색을 띠므로 황주라고 한다. 대표적인 황주에는 소흥주(绍兴酒)가 있으며,
이를 오래 묵혀 풍미를 더한 술을 노주(老酒)라 한다.

★ 약주(药酒)와 과실주(果实酒)

대표적으로 죽엽청주(竹叶青酒), 금파주(金波酒), 오가피주(五加皮酒), 미미사포도
주(味美思葡萄酒) 등이 있다.

★ 맥주(啤酒)

중국에서 가장 종류가 많으며, 각 지방마다 고유의 브랜드를 가지고 있다.

보통은 중국의 7대 명주를 모태주(茅台酒), 분주(汾酒), 서봉주(西凤酒), 노주(老
酒), 오량액(五粮液), 소흥주(绍兴酒), 연태포도주(烟台葡萄酒)라고 하나 사람에 따
라 약간씩 달리 분류하기도 한다.

나혼자 끝내는
독학 중국어첫걸음

연습 문제
정답

01

1. ❶ hěn ❷ hǎo ❸ nín ❹ jiàn
2. 我很好。 Wǒ hěn hǎo.
   再见! Zài jiàn!
3. ❶ 好久不见，你好吗? Hǎo jiǔ bú jiàn, nǐ hǎo ma?
   ❷ 你家人也都好吗? Nǐ jiārén yě dōu hǎo ma?

02

1. ❶ shénme ❷ shéi ❸ mèimei ❹ qǐng wèn
2. 杂志 zázhì
   金娜娜 Jīn Nànà
3. ❶ 那不是书，那是杂志。 Nà bú shì shū, nà shì zázhì.
   ❷ 这是我妹妹的书。 Zhè shì wǒ mèimei de shū.

03

1. ❶ tóngshì ❷ péngyou ❸ méi yǒu ❹ gōngzuò
2. 我在银行工作。 Wǒ zài yínháng gōngzuò.
   我是美国人。 Wǒ shì Měiguórén.
3. ❶ 我不是韩国人。 Wǒ bú shì Hánguórén.
   ❷ 他没有女朋友。 Tā méi yǒu nǚpéngyou.

04

1. ❶ mèimei ❷ jǐ kǒu rén ❸ jīnnián ❹ duō dà
2. 三口人 sān kǒu rén
   羊 yáng
3. ❶ 你有没有妹妹? Nǐ yǒu méiyǒu mèimei?
   ❷ 你今年多大? Nǐ jīnnián duō dà?

05

1. ❶ xiànzài　❷ jǐ diǎn　❸ shàngbān　❹ xīngqī
2. 我六点半上班。 Wǒ liù diǎn bàn shàngbān.
   今天六月十五号。 Jīntiān liù yuè shíwǔ hào.
3. ❶ 我八点一刻上班。 Wǒ bā diǎn yí kè shàngbān.
   ❷ 今天几月几号? Jīntiān jǐ yuè jǐ hào?

06

1. ❶ nǎr　❷ túshūguǎn　❸ Hànyǔ　❹ yǒu yìsi
2. 公园　gōngyuán
   难　nán
3. ❶ 我在学汉语。 Wǒ zài xué Hànyǔ.
   ❷ 不难, 很有意思。 Bù nán, hěn yǒu yìsi.

07

1. ❶ 什么 shénme　❷ 一点儿 yìdiǎnr
   ❸ 一共 yígòng　❹ 多少 duōshao
2. 我要两个苹果。 Wǒ yào liǎng ge píngguǒ.
   一共一百块钱。 Yígòng yì bǎi kuài qián.
3. ❶ 您要什么? Nín yào shénme?
   ❷ 有大一点儿的吗? Yǒu dà yìdiǎnr de ma?

08

1. ❶ 先生 xiānsheng　❷ 一下 yíxià
   ❸ 电话 diànhuà　❹ 号码 hàomǎ
2. 不在。 Bú zài.
   我的手机(号码)是 010-3579-5515。
   Wǒ de shǒujī (hàomǎ) shì líng yāo líng sān wǔ qī jiǔ wǔ wǔ yāo wǔ.
3. ❶ 李先生在吗? Lǐ xiānsheng zài ma?
   ❷ 请李先生接电话。 Qǐng Lǐ xiānsheng jiē diànhuà.

연습 문제 정답

09

1. ❶ 这边 zhèbiān ❷ 一样的 yíyàngde
   ❸ 对不起 duìbuqǐ ❹ 马上 mǎshàng
2. 一份儿炒饭 yífènr chǎofàn
   两次烤肉 liǎng cì kǎoròu
3. ❶ 请这边坐。Qǐng zhèbiān zuò.
   ❷ (我) 还没吃过。(Wǒ) Hái méi chīguo.

10

1. ❶ 咖啡 kāfēi ❷ 牛奶 niúnǎi
   ❸ 学校 xuéxiào ❹ 公园 gōngyuán
2. ❶ 我们公司后边有公园[gōngyuán]。
   ❷ 我们公司右边有超市[chǎoshì]。
   ❸ 我们公司楼下有咖啡厅[kāfēitīng]。
3. ❶ 公共汽车站在哪儿?
   ❷ 公共汽车站怎么走?

11

1. ❶ 医院 ❷ 画家 ❸ 电视 ❹ 毛衣
2. ❶ 骑 ➡ 坐 (qí → zuò)
   (O) 我坐公共汽车去。Wǒ zuò gōnggòngqìchē qù.
   ❷ 号 ➡ 路 (hào → lù)
   (O) 你上几路车? Nǐ shàng jǐ lù chē?
   ❸ 有 ➡ 在 (yǒu → zài) / 那儿 ➡ 哪儿 (nàr → nǎr)
   (O) 你下车在哪儿? Nǐ xià chē zài nǎr?
   ❹ 离 ➡ 在 (lí → zài)
   (O) 我在首尔站下车。Wǒ zài Shǒu'ěr zhàn xià chē.
3. ❶ 你要坐几路车?
   ❷ 我要坐90。

12

1. ❶ 自行车　❷ 火车　❸ 面包　❹ 睡觉
2. ❶ 是 ➡ 有 (shì → yǒu)

   (O) 你有什么爱好? Nǐ yǒu shénme àihào?

   ❷ 作 ➡ 打 (zuò → dǎ)

   (O) 我最喜欢打网球。Wǒ zuì xǐhuan dǎ wǎngqiú.

   ❸ 没 ➡ 不 (méi → bú)

   (O) 玩得不累吗? Wán de bú lèi ma?

   ❹ 很(hěn) 생략

   (O) 一点儿也不累。Yìdiǎnr yě bú lèi.
3. ❶ 你有什么爱好?

   ❷ 一点儿也不难。

13

1. ❶ 爬山　❷ 护士　❸ 裙子　❹ 咖啡
2. ❶ 来 ➡ 下 (lái → xià)

   (O) 今天晚上会下雨。Jīntiān wǎnshang huì xiàyǔ.

   ❷ 出 ➡ 起 (chū → qǐ)

   (O) 看起来刚刚要下雨了。Kànqǐlái gānggāng yào xiàyǔ le.

   ❸ 来 ➡ 带 (lái → dài)

   (O) 我没带雨伞。Wǒ méi dài yǔsǎn.

   ❹ 再 ➡ 也 (zài → yě)

   (O) 韩国的秋天不冷也不热。Hánguó de qiūtiān bù lěng yě bú rè.
3. ❶ 今天天气怎么样?

   ❷ 今天晚上会下雨。